日本語教育学の新潮流 10

第二言語によるパラフレーズと日本語教育

鎌田美千子

Paraphrasing in Japanese as a second language

First published 2015
Printed in Japan

All rights reserved
©Michiko Kamada, 2015

Coco Publishing Co., Ltd.
ISBN 978-4-904595-56-5

目次

第1章｜序論……1
1 問題の所在と研究目的……1
2 研究対象……4
  2.1 対象とする言語場面……4
  2.2 対象とする学習者……4
3 研究方法……5
  3.1 母語話者のパラフレーズとの違い……5
  3.2 パラフレーズを分析する言語単位……8
4 本書の構成……10

第2章｜関連研究の概観……15
1 第二言語によるパラフレーズに関わる三つの側面……15
  1.1 語の使用……15
  1.2 統語的なパラフレーズと語彙知識……17
  1.3 上位概念……20
2 ライティングにおける語用論的側面……21
  2.1 言語の知識と処理……21
  2.2 文体の違い……24
    2.2.1 日常語と文章語……24
    2.2.2 話しことばと書きことば……25
  2.3 非明示的意味……27
3 ライティングにおける日本語学習者のパラフレーズ……28

4　日本語教科書における扱い
　　　　—アカデミック・ライティングを中心に—……30
　　　　4.1　文体………30
　　　　4.2　要約・引用………31
　　　　4.3　箇条書き………31
　　5　要約時における情報の選択と
　　　　包括的なパラフレーズ………32

第3章｜文章の難易度とパラフレーズの産出との関係〔研究Ⅰ〕………39

　　1　目的………39
　　2　方法………39
　　3　結果と考察………44
　　　　3.1　日本語学習者と日本語母語話者における比較………44
　　　　　　3.1.1　難易度が高い文章からのパラフレーズ………44
　　　　　　3.1.2　難易度が高くない文章からのパラフレーズ………46
　　　　3.2　難易度が異なる文章における比較………48
　　　　3.3　中国人学習者と韓国人学習者における比較………50
　　4　本章のまとめと日本語教育への示唆………52

第4章｜名詞化〔研究Ⅱ〕………55

　　1　目的………55
　　2　方法………57
　　3　結果と考察………58
　　4　本章のまとめと日本語教育への示唆………60

第5章 | 語の誤用〔研究Ⅲ〕……65

1 目的……65

2 誤用分析……66
  2.1 方法……66
      2.1.1 予備調査……66
      2.1.2 対象……66
      2.1.3 手続き……67
      2.1.4 分析方法……68
  2.2 結果と考察……70
      2.2.1 全体を通したパラフレーズの達成状況……70
      2.2.2 一対一に対応するパラフレーズの誤用……71
      2.2.3 意味内容をまとめて表すパラフレーズの誤用……72
      2.2.4 接続表現のパラフレーズ……72

3 フォローアップ・インタビュー分析……74
  3.1 方法……74
  3.2 結果と考察……75
      3.2.1 文体に対する意識……75
      3.2.2 誤った理解に基づく話しことばの使用……75
      3.2.3 語彙不足による話しことばでの代用……76
      3.2.4 無意識的な話しことばの使用……77
  3.3 本節のまとめ……77

4 本章のまとめと日本語教育への示唆……79

第6章 具体例からの抽象化〔研究Ⅳ〕……83

- 1　目的……83
- 2　方法……84
  - 2.1　分析資料……84
  - 2.2　分析方法……85
    - 2.2.1　内容の述べ方（上位概念）……85
    - 2.2.2　使用語彙（用言）及び統語構造……85
- 3　結果と考察……87
  - 3.1　内容の述べ方（上位概念）……87
  - 3.2　使用語彙（用言）及び統語構造……89
- 4　本章のまとめと日本語教育への示唆……93

第7章 非明示的意味〔研究Ⅴ〕……97

- 1　目的……97
- 2　方法……98
  - 2.1　分析資料……98
  - 2.2　分析方法……98
- 3　結果と考察……100
  - 3.1　文の機能……100
  - 3.2　非明示的意味を表すパラフレーズ……101
  - 3.3　原文第5文及び第7文に対するパラフレーズ……102
- 4　本章のまとめと日本語教育への示唆……109

第8章｜教育方法論的検討……….113

第9章｜総括と今後の課題……….121
  1 総括……….121
  2 本研究の成果と意義……….124
  3 今後の課題と展望……….124

参考文献……….128
あとがき……….135
本書に関連する既発表論文……….139

第1章 序論

1 問題の所在と研究目的

　言語技能は、「聴く」「話す」「読む」「書く」の四つに大別される。「聴く」「読む」は受信的な側面を、「話す」「書く」は発信的な側面を有する。実際の言語場面においては、「聴いたことを書く」「読んだことを話す」などのように、それぞれの言語技能が複合的に内包されることがあり、読んだ内容や聴いた内容を他者に伝えるときには、一般的に、話しことばと書きことばを使い分けたり、具体的な内容を抽象化したりするなど、何らかの形でパラフレーズ[1]（言い換え）が行われる。例えば大学の講義で聴いた内容をレポートにまとめる場合には、聴いたままの表現ではなく、それにふさわしい文体や表現を用いて述べることとなる。
　こうした言語使用に重要な役割を果たすのが、パラフレーズであると言える。パラフレーズとは、ある意味内容を示す表現を他の表現で言い換えること、また言い換えた表現を意味する。同じ意味内容であっても、その表現は、使われる状況によっても多様である。種々の言語表現がどのように実現されるのかといったテーマは、言語研究の根源的課題といっても過言ではなく、言語学の様々な領域で重要なテーマの一つとして探究されてきた。
　同時に、この問題は、第二言語教育における「場面や相手、伝達様式などに応じた言語使用が目標言語でできるようになるには、どのような教育及び学習が有効か」といった関心とも重なる。場面や相手、伝達様式などに応じて言語を適切に使いこなせるようになる能力は、語用論的能力と呼ばれ、重要視されている（Bialystok & Sharwood-Smith 1985; Ellis

1994)。

　Ellisは、適切な言語使用に関わる語用論的側面（pragmatic aspects）が誤用、習得順序、中間言語の多様性と並び、第二言語習得研究の主たるテーマである一方で、これまでの研究が話しことばを対象としたものに偏り、書きことばについてはほとんど解明されていないと指摘している。メッセージの発信者と受信者が存在し、コンテクストが大きく関与するという点は話しことばと書きことば双方に共通するものの、発話場面とライティング場面は、相互交渉の面から考えてもわかるように、異なる特性を有する。発話に見られる語用論的特徴は、相手との相互交渉に強く反映されるのに対し、ライティング[2]では、どのような読み手か、またどのような表現形式かということを書き手自身が認識し、言語表現を選択していくこととなる。パラフレーズは、必要に応じて表現各種を変換させることができる言語スキルとして、様々な言語使用の基盤になると言える。

　本書では、このような観点からパラフレーズの問題を捉え、第二言語としての日本語によるライティングを対象とした検証を行っていく。日本語は、話しことばと書きことばの差異が大きい言語の一つであり、その使い分けは学習者にとっても課題となることが多い。日本語教育における入門・初級段階では、一般的に、「聴くこと」「話すこと」が中心であり、その後、徐々に「読むこと」「書くこと」へと移っていく。はじめは、限られた表現で大まかな意味しか伝達できないとしても、第二言語能力の向上にしたがって様々な表現を身につけ、場面や相手、伝達様式などに応じた言語使用へと移行していく。と同時に、話題や内容もより高度なものになっていく。専門性の高いコンテクストでは、基本的な語よりも概念化された語、意味が細分化された語が使用される。そのため、入門・初級段階で学んだ基本的な語の使用は、場合によってはそのライティングの文体的特徴を損ねることにつながりかねない。また、日本語能力の向上とともに、いわゆる「作文」と呼ばれているもの以外のライティングにも対応していくこととなる。学部・大学院留学生の場合には、レポート、論文、発表スライドなどが課題となっていく。

　一方で、上述したように、第二言語によるライティングの語用論的側面に焦点を当てた研究は少なく、日本語学習者のパラフレーズの実態に

ついても十分に明らかになっていない。これまで第二言語によるパラフレーズに関しては、主にコミュニケーション・ストラテジーの一部として研究されてきた（Tarone 1977; Bialystok 1990）。コミュニケーション・ストラテジーとは、第二言語学習者が目標言語で表現意図を十分に伝達できないときに自らの言語能力を補うために用いられる方略のことである（Tarone 1977）。Taroneによると、第二言語学習者は、うまく表現意図を伝達できない場面に遭遇した際に、回避（avoidance）、パラフレーズ（paraphrase）、意識的転移（conscious transfer）、援助要請（appeal for assistance）、身振り（mime）といったストラテジー（方略）によって解決を図ろうとするという。従来の研究の多くは、このようなストラテジーの一つとして第二言語学習者のパラフレーズを検討してきた。例えば「電子レンジ」という語が思い浮かばないときに、学習者自身が知っている語で「食べ物を温めるための機械」などのように表現するといった種類のパラフレーズである。これに対して、第二言語によるライティングでのパラフレーズに関しては、これまであまり研究されてこなかった。同様に、パラフレーズは、様々な言語使用にも密接に関わり、重要でありながら、日本語教育においてもあまり取り上げられてこなかった。その理由の一つに、パラフレーズの種類が多岐にわたり、学習の枠組みが十分に整理されてこなかったことが挙げられる。第二言語としての日本語によるパラフレーズがどのように行われているのか、また行われていないのかをはじめ、第二言語特有の問題が明らかになれば、実態に即した教育方法の構築に向けた具体的な検討につながると思われる。そのためには、パラフレーズに関わる言語的要因を多面的に究明し、第二言語としての日本語の問題がどこに生じているのかを把握する必要がある。

　本書では、第二言語としての日本語のライティング教育を考えるための基礎研究として、パラフレーズをアカデミック・ライティングに必要な言語スキルの一つとして位置づけ、日本語学習者と日本語母語話者の言語使用に見られる異同及び第二言語による誤用の特徴を明らかにすることで、その教育方法を見出すことを目的とする。ライティングでのパラフレーズに介在する言語的側面として、語彙、統語、意味のそれぞれに注目し、（1）文章の難易度との関係、（2）名詞化、（3）文体、（4）具体例からの抽象化、（5）非明示的意味の各側面から検証を行う。上記五

つの内容については、第2章以降で詳述するが、いずれも大学レベルでのライティングに関わる項目である。日本語を第二言語とする上級日本語学習者を対象としたアカデミック・ライティング教育への応用を視野に入れ、得られた結果から、日本語教育の方法論的検討を行う。

2 研究対象

2.1 対象とする言語場面

　種々の言語的要因に対応した第二言語使用の特性について解明するには、同一の目的及び題材など、統一された条件を設定した上で書かれたものを分析資料とする必要があると思われる。本書では、基本的な統語操作である名詞化を扱った第4章〔研究Ⅱ〕を除き、第3章〔研究Ⅰ〕から第7章〔研究Ⅴ〕において、文章を読んで内容をまとめるといった言語場面におけるパラフレーズを対象とする。第3章〔研究Ⅰ〕では、読んだ文章の内容を発表スライドの一部としてまとめること、第5章〔研究Ⅲ〕から第7章〔研究Ⅴ〕では、ある座談会で述べられた意見の内容をレポート・論文の文章の一部としてまとめることを取り上げる。いずれも内容をまとめるという点で共通している。第3章〔研究Ⅰ〕では箇条書き、第5章〔研究Ⅲ〕から第7章〔研究Ⅴ〕では文章といった表現形式となる。それぞれの表現形式に応じた調整が必要となる言語場面を提示することによってパラフレーズの必要性を示す。

2.2 対象とする学習者

　第3章〔研究Ⅰ〕から第7章〔研究Ⅴ〕では、上級レベル（旧日本語能力試験1級合格程度）の日本語学習者として日本の大学で学ぶ学部留学生から調査協力を得た。上級レベルの日本語学習者を対象とするのは、第2章で後述する通り、数少ない先行研究によって、日本語能力の向上とともにパラフレーズができるようになることが示されている一方で、上級レベルでのパラフレーズ傾向に関しては、これまで十分に検証されていないことによる。各検証では、誤用を分析する第4章〔研究Ⅱ〕及び第5章〔研究Ⅲ〕を除き、日本の大学で学ぶ学部留学生が目指す言語能力として日本人学部学生程度の能力を想定し、留学生のパラフレーズが

日本人大学生に比べてどのような状況にあるのかという点から、日本語を母語とする日本人大学生との比較を行う。日本語母語話者として日本人大学生を比較対象とするのは、日本人大学生が、対象とする学部留学生とほぼ同等の知的レベルにあると判断したことによる。いずれも回答に著しく劣るものがないことを確認した上で分析資料とした。

また、各検証では、中国語を母語とする日本語学習者（以下、「中国人学習者」とする）及び韓国語を母語とする日本語学習者（以下、「韓国人学習者」とする）から調査協力を得た。その理由は、先行研究で得られている知見が主として中国人学習者及び韓国人学習者を対象にしたものであり、それらの研究との比較を視野に入れて考察すること、また調査時において日本国内の留学生数の中で中国人学習者及び韓国人学習者が占める割合が相対的に高かったことにある。第二言語としての日本語によるパラフレーズの特徴を捉える上では、母語の影響を含め、対照言語学的観点から個々に対応する言語表現に着目する方法もあるが、本書では、そうした個々の表現との対応関係の把握よりも、まずは漢字圏からの日本語学習者に共通するパラフレーズの特徴を総体的に捉えることを目指す。加えて、中国語と日本語、また韓国語と日本語の言語的共通性及び相違が必ずしも同一ではないことから、中国人学習者と韓国人学習者との比較もあわせて行い、それぞれの特徴を把握する。

3 研究方法

3.1 母語話者のパラフレーズとの違い

第3章〔研究Ⅰ〕から第7章〔研究Ⅴ〕（第4章〔研究Ⅱ〕を除く）で検証を試みる「読んだ内容をまとめる」といった課題状況は、理解と産出の双方の認知過程を含むものであるが、本書では、主に産出面に着目し、日本語学習者と日本語母語話者の異同及び第二言語による誤用を分析することにより、第二言語としてのパラフレーズの困難点について考察する。

ライティングに関しては、認知心理学的観点から、文章産出の認知過程を示した代表的な研究（Hayes & Flower 1980; Bereiter & Scardamalia 1987 他）をはじめ、数多くの研究が蓄積されている。第二言語としての日本語によるライティングに関しても、例えば母語の関与（石橋2002）、構想支援

（吉田 2011）などの面からのアプローチが試みられている。しかし、産出面からパラフレーズを検証した研究は、管見の限り見られない。さらに、柏崎（2010）の指摘によると、「文章の理解と産出を融合した認知過程の研究」（p.39）は進んでおらず、伝達目的が理解と産出の認知面に作用することが示されてはいるものの、言語的要因に注目した多面的な検討には至っていない。

言語学の諸研究では、以下に示す通り、母語話者によるパラフレーズが言語構造のしくみを解明する上での研究方法の一つとして扱われてきた。ベケシュ（1987）は、読んだ文章の内容を伝えるといった伝達行為に表れたパラフレーズを統計的に分析することにより、入力テクスト上の種々の要素がテクスト的世界の再現にどのように影響しているのか、またそれらが伝達にどのような影響を及ぼすのかを多角的に検証している。砂川（2005）は、日本語の談話[3]における主題の階層性と表現形式との関わりを解明する上でパラフレーズを分析している。要約文及び課題文のタイトルに使用された語の頻度から指示対象とその表現形式との関係を考察することによって主題の階層性が言語表現にどのように反映するのかを検証している。

これら二つの研究では、言語情報の入力（インプット）及び出力（アウトプット）といった枠組みを想定し、一連の言語過程を部分的に捉える手がかりとしてパラフレーズを分析している。図1-1は、ベケシュがパラフレーズにおける入力テクスト、出力テクスト、被験者の関係を図式化したものである（D：ディスコース、Dm：テクスト的世界、Ti：入力テクスト、To：出力テクスト）。まとまった意味内容を再現する過程では、語彙的、統語的[4]、文間のどのレベルの手段を選択するかが個々の書き手に託されているとし、出力テクストであるパラフレーズを分析することを通して、その選択の結果を客観的に読み取ることができるとしている。従来の言語学的手法である内省的な分析に対して、パラフレーズを対象とした分析は、言語を文脈から切り離さずに捉えることができる研究方法であるとしている。

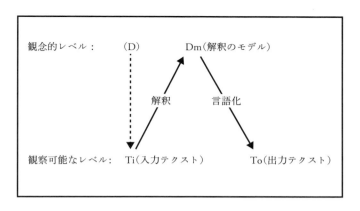

図1-1　パラフレーズにおける入力テクスト・出力テクスト・被験者の関係
（ベケシュ 1987: 71）

　これらベケシュ及び砂川をはじめ、母語話者の言語使用を検証した研究に共通するのは、読み手の解釈が言語化されたものとしてパラフレーズを捉えている点である。一方で、第二言語によるパラフレーズには、習得状況が反映される。入力テクストを出力テクストとして言語化する過程において、言語形式や言語サイズの調整が伴い、第二言語の知識や処理が関係する。そのため、伝えようとする意味内容を第二言語学習者が必ずしも十分に表現しきれているとは限らない。むしろ学習者が既有の第二言語の知識をどのように用いて意味内容の言語化を果たしているのか、またどのような言語条件の場合にそれが果たせないのかといった問題に対して有益な示唆が得られるものと考えられる。日本語学習者のパラフレーズの特徴を究明することにより、そのプロセスの一端が把握できると考える。
　なお、各検証には以下に述べる二つの制限が含まれ、これらをふまえて行うものである。第一に、分析資料の収集にあたっての範囲に関してである。本書では、文章を読んでその内容をまとめるといった課題状況を取り上げるが、調査協力者に過度の負担がかからないようにすることを優先し、原文及び要約の文章の長さ、種類、述べ方など様々なパターンを検証するといった方法はとらなかった。まずは基礎研究として文章

の長さを200〜400字程度のものに限定して検証した。

　第二に、参照した文章とパラフレーズとの関係についてである。パラフレーズには、参照した文章の「理解」と言い換えた表現の「産出」の双方が関係する。産出面に焦点を当てた本書での各検証では、協力を得た日本語学習者の日本語能力の水準で遂行に支障がない課題を提示するとともに、文章を読むことが含まれる課題では、課題遂行後に内容理解の確認を行い、一定水準に満たないものは分析対象から除外する手続きをとった。この手続きにより、理解した内容からパラフレーズしたものと見なして考察していくが、その一方で、理解に関わる認知過程との対応については厳密には把握できない。そのため、個々のパラフレーズがどのような文章理解のもとに産出されたのかといった考察は、あくまで推測の域にとどまらざるを得ない面を有する。しかし、そうであっても、同一課題状況でのパラフレーズの様相を捉えることによって、パラフレーズの教育方法を考える上で何らかの方向性と着眼点を見出すことは可能であると思われる。

　各検証では、このような制限を含むものであるが、観察可能なデータから言語面での問題を把握し、日本語教育の方法論的検討につなげることを目指す。

3.2　パラフレーズを分析する言語単位

　次に、パラフレーズを分析する言語単位について説明する。これまでパラフレーズに関する研究は、言語学の知見を基礎に、前述したテクスト言語学の他、主に情報工学、また要約研究などの一部として進められてきた。

　情報工学の見地から自然言語処理における言い換え技術に関する研究の動向を論じた代表的なものには、乾・藤田（2004）がある。乾・藤田は、パラフレーズを「言い換え」と呼び、「意味が近似的に等価な言語表現の異形」（pp.151–152）と定義した上で、語彙・構文的言い換え、参照的言い換え[5]、語用論的言い換え[6]の三種に分類している。自然言語処理研究では、機械翻訳や読解支援、情報検索、複数文書要約などの技術的な応用を視野に入れて精度が高い実現を目指すといった研究目的から、語彙・構文的言い換えが研究対象となることを論じ、その詳細を提示し

ている。乾・藤田による語彙・構文的言い換えの分類を表1-1に示す。いずれも語レベルもしくは文レベルで対応するものを類型している。

表1-1 語彙・構文的言い換えの分類（乾・藤田2004: 194–198より作成）

	種類
節間の言い換え	連体節主節化、分裂文から非分裂文への言い換え、連用節・並列節の分割、接続表現の言い換え
節内の言い換え	否定表現の言い換え、比較表現の言い換え、態・使役の交替、動詞交替（自他）、動詞交替（壁塗り／場所格）、機能動詞結合の言い換え、授受の構文の言い換え、可能動詞の言い換え、修飾要素の交替、数量詞の遊離
内容語の複合表現の言い換え	複合名詞の分解・構成、「AのB」⇔連体節、複合動詞の分解・構成
機能語／モダリティの言い換え	機能語相当表現の言い換え、取り立て助詞の移動、助詞による特徴づけの削除、伝達のモダリティ、敬語表現の言い換え、文体の変換
内容語句の言い換え	名詞の言い換え、動詞の言い換え
慣用表現の言い換え	慣用句、表現のゆれ／略語、換喩

　他方、日本語母語話者による要約文の諸相を文章構造との関連から明らかにした代表的な研究には、佐久間編（1989）がある。その中で、川原（1989）は、要約文に現れたパラフレーズを分析する枠組みとして「第Ⅰ次元のパラフレーズ」と「第Ⅱ次元のパラフレーズ」の二種を提示している。第Ⅰ次元のパラフレーズは、「言語サイズが原文と変わらず、かつ言語形式が変化するもの」（p.143）であり、第Ⅱ次元のパラフレーズは「原文における言語サイズ、および、言語形式が要約文中で変化するもの」（p.143）としている。ここで「言語サイズ」とは、語、句、節などの統語的な単位を指す。第Ⅰ次元のパラフレーズには、助詞・複合助詞の変化、動詞のムード・テンス・アスペクトなどの変化、自立語の変化が含まれている。これに対して、第Ⅱ次元のパラフレーズには、自立語化、フレーズ化、従属節化、センテンス化が含まれている。両者の違いについては、「第Ⅰ次元のパラフレーズは、パラフレーズが起こる言語形式は同じであるという点で、同じ言語形式の横のパラフレーズであり、第Ⅱ次元のパラフレーズは言語形式のレベルが上下するという点で、言語形

式間の縦のパラフレーズである」(p.144) と説明している。つまり、第Ⅱ次元のパラフレーズは、文、節、句で構成されるもとの表現をそれよりも小さい言語サイズで言い換えたもの、また複数の文、節、句、語といった言語形式を単一の言語形式に言い換えたものが含まれ、パラフレーズに伴う処理がより広範に及ぶ。

　これら二つの研究を参考に、本書では、パラフレーズを観察・分析する単位として次の三つを挙げる。第一に、もとの表現と言い換えた表現が語もしくはそれよりも小さい単位で一対一に対応するものである。以下では、このようなパラフレーズの単位を「語レベル」と呼ぶ。第二に、一文もしくは複数の文から主に統語的に言い換えられているものである。以下では、このようなパラフレーズの単位を「文レベル」と呼ぶ。第三に、一文もしくは複数の文によって表される意味内容が一連の文脈をふまえて書き手による表現で言い換えられているものである。以下では、このようなパラフレーズの単位を「文章・談話レベル」と呼ぶ。「文章」と「談話」の用語上の区別に関しては諸説あるが、本書における「文章・談話」という用語の定義は、杉戸（1997）に従う。杉戸は、「文章・談話」を「語が文節や句を構成し、文節や句が文を構成し、文が文章を構成」(p.28) するような「階層の一番上に位置づけられる言語単位」(p.29) としている。ディスコースといった観点から「文章」と「談話」を総じて「談話」と呼ぶ研究もあるが（メイナード1997, 2004; 砂川2005）、本書では、杉戸の定義に従い、双方を「文章・談話」という用語で表すことを基本とし、説明上、文字で書かれたものと口頭で話されたものとを区別して論じる場合には、前者を「文章」、後者を「談話」と呼ぶこととする。

4 ｜ 本書の構成

　本書は、以下の9章から構成されている。
　第1章では、以上の通り、問題の所在と研究目的、研究対象、研究方法について論じた。
　第2章では、日本語教育の観点から、パラフレーズに関連する諸研究について概説する。

第3章から第7章では、〔研究Ⅰ〕～〔研究Ⅴ〕の検証を行う。

〔研究Ⅰ〕　文章の難易度とパラフレーズの産出との関係
〔研究Ⅱ〕　名詞化
〔研究Ⅲ〕　語の誤用
〔研究Ⅳ〕　具体例からの抽象化
〔研究Ⅴ〕　非明示的意味

　第3章では、〔研究Ⅰ〕として、文章の内容をまとめる際に参照する文章の難易度がパラフレーズの産出に影響するかどうかを検証する。日本語母語話者の傾向との比較を通して、パラフレーズと原文表現からの抜き出しの状況を量的な面から捉える。

　第4章及び第5章では、学部・大学院留学生を対象とした、アカデミック・ライティングのための主な日本語教科書（以下、「日本語教科書」と略す）でも扱われているパラフレーズとして、参照する範囲とパラフレーズがほぼ一対一に対応し局所的な処理を中心とするパラフレーズに焦点を当て、語の使用の問題を考察する。

　第4章では、〔研究Ⅱ〕として、名詞化を取り上げる。名詞化は、もとの表現の統語構造を変える際のパラフレーズの一つであるとともに、和語動詞からの名詞化は、対応する名詞への変換が複雑である。和語動詞を含む単文から名詞句へのパラフレーズの誤用の特徴を明らかにする。

　第5章では、〔研究Ⅲ〕として、文体の違いへの対応に見られるパラフレーズのうち語レベルで言い換えたものを取り上げ、語の誤用の特徴を捉える。フォローアップ・インタビューの結果に基づき、誤用に至った日本語学習者の語彙選択の様相を明らかにする。

　第6章と第7章では、意味内容を包括的に表すパラフレーズを主に取り上げる。

　第6章では、〔研究Ⅳ〕として、話しことばによる複数の文によって構成された内容を文章としてどのように言い換えてまとめているかという観点から、具体例からの抽象化に伴うパラフレーズの様相を捉える。

　第7章では、〔研究Ⅴ〕として、非明示的意味を表すパラフレーズの様相を捉える。原文に明示的に書かれていない意味がパラフレーズとして

表現されているかどうかの把握を試みる。

　第3章から第7章の各章では、結果を日本語教育の観点から考察するとともに、第4章、第6章、第7章では、パラフレーズの学習として基本となる問題演習例を示す。

　第8章では、〔研究Ⅰ〕から〔研究Ⅴ〕において得られた結果に基づき、アカデミック・ライティングの基本となるパラフレーズの教育方法を検討し、上級レベルを対象とした教材の試案を提示する。

　第9章では、本研究を総括し、研究の成果と意義、今後の課題と展望について述べる。

　以上に述べた本書の構成を図1-2に示す。

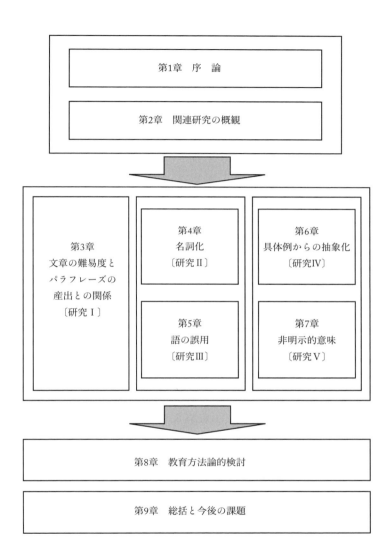

図 1-2　本書の構成

注 [1] ある言語表現の意味内容を他の言語表現で表すことを意味する用語には他に「言い換え」、「換言」、「書き換え」などがあるが、本書では「パラフレーズ」という用語を使用する。
[2] 本書では、言語表現を用いて書くこと、また書いたものを総称して「ライティング」と呼ぶ。アカデミック・ライティングに限定して言えば、レポート・論文の文章、プレゼンテーションのための資料としての発表スライド・発表レジュメがこれにあたる。発表スライドの表現形式には、箇条書き、表、グラフ、ダイアグラム、写真・動画などがあるが（長沼他2003）、このうち言語表現が関係する箇条書きを「ライティング」に含めることとする。発表レジュメに関しても同様に箇条書きを「ライティング」に含めることとする。
[3] 砂川（2005）は、「談話」を「「コミュニケーションを行うための言葉の運用プロセス」そのもの」（p.4）として捉えている。
[4] ベケシュ（1987）は「シンタクス的」という用語によって言及している。
[5] 乾・藤田（2004: 157）で提示されている佐藤（1999: 2939）による例文を以下に示す。
　　去年の出来事　→　1998年の出来事
　　筆者の考え　→　佐藤の考え
[6] 乾・藤田（2004: 158）で提示されている佐藤（1999: 2939）による例文を以下に示す。
　　どなたかgccのソースのありかをご存知ないでしょうか。
　　→　gccのソースが置いてあるftpサイトを教えてください。

第2章 関連研究の概観

　本章では、第二言語によるパラフレーズに関連する諸研究を概説する。
　以下、本章1では、基本的なパラフレーズを例示しながら、研究全般の基底となる語彙、統語、意味のそれぞれについて説明する。統語については、語の使用との関連から和語動詞の名詞化に焦点を当てて論じる。本章2では、本書でライティングにおける語用論的側面として文体の問題を取り上げることを述べる。本章3では、日本語学習者のパラフレーズに関する先行研究について論じる。本章4では、留学生を対象にした日本語教科書でパラフレーズがどのように取り上げられているのか、また取り上げられていないのかについて概説する。本章5では、要約時における情報の選択と包括的なパラフレーズについて述べる。

1　第二言語によるパラフレーズに関わる三つの側面

1.1　語の使用

　以下では、語に話題を絞って第二言語によるパラフレーズの問題について論じる。まず、例1-1及び例1-2を示し、語レベルのパラフレーズについて説明する。

例1-1　ₐ車を2台以上ᵦ持っているᴄ家にアンケート用紙をᵈ配った。
例1-2　ₐ自家用車を2台以上ᵦ所有しているᴄ家庭にアンケート用紙をᵈ配付した。

　例1-1と例1-2では、下線部a～dがそれぞれ対応し、例1-1から例1-2

へのパラフレーズは、それぞれの語を置き換えることによって成立する。パラフレーズの状況として、例1-2をレポート・論文の文であると仮定すると、例1-1から例1-2へのパラフレーズを行うには、レポート・論文に見合った語を選んで用いることとなる。例1-1の下線部cの「家」に対応する類義語には「家庭」「住宅」「住まい」「マイホーム」など複数あるが、適切なものを文中の他の語などから判断して「家庭」を選ぶこととなる。

　ある表現を別の表現に言い換えるには、類義語にとどまらず、さらに幅広い語彙知識が使われる。Nation（2001）は、その著書 *Learning Vocabulary in Another Language* の中で語に関する知識を「語形（form）」「意味（meaning）」「使用（use）」の三つに大別し、具体的にどのようなものが含まれるのかを示している。「語形」の下位項目には、発音、綴り、構成要素が挙げられている。「意味」の下位項目には、語形と意味、概念と指示、連想が挙げられている。「使用」の下位項目には、文法的機能、共起、使用に関する制約（レジスター、頻度など）が挙げられている。さらに、これらの説明には、受容的（receptive）か、産出的（productive）かといった観点からの検討もなされている。語の理解と産出には、多層的な知識が複合的に関係していることが示唆される。

　語の知識を含めて言語知識をいかに実際の言語使用に結びつけていくかは、第二言語の教育及び学習において重要視されているが（McLaughlin et al. 1983; 迫田 2002; 小柳 2004）、個々の語の習得段階によっては、産出的なレベルに達していないこともある[1]。この問題は、日本語能力が比較的高い学習者においても観察されている。黒崎・松下（2009）は、形容詞の語彙産出に関する調査を行い、その結果から、中上級レベルの韓国人学習者が日本語母語話者に比べて高頻度のプロトタイプ的な語を使用し、低頻度の語の産出が少ないことを明らかにするとともに、知っていても使えない語があることを指摘している。プロトタイプ的な語となる初級語彙の習得が、語義の重なる低頻度語彙の使用を阻む可能性があるとしている。松田（2000）は、基本語であり使用頻度が高い「割る」を対象として、その類義語の使い分け、多義的な意味用法の使用、プロトタイプの獲得の面から日本語母語話者と中級及び上級日本語学習者の異同を考察し、上級日本語学習者でも「安定した言語直感」（p.86）までには至っ

ていないことを指摘している。これらの研究から、比較的高いレベルの日本語学習者であっても適切なときに正しい語を使えない問題が示唆される。さらに、第二言語学習者は複雑な構文や熟知していない語の使用を避ける特性を有し（Schachter 1974）、仮にそれらの語彙が使えるまでに習熟していなければ、既に使える段階に達している基本的な語彙での代用、あるいは言及自体の回避につながる可能性がある。

　前章1.1でも述べたように、日本語教育は、一般的に会話中心の基本的な語彙や文型から始まり、話しことばから書きことばへと進んでいく。他方、大学でのレポート・論文では、むしろ抽象的・概念的な意味を持つ語が多用される。書きことばで使われる語を知っているけれども実際には十分に使えないといった状況は、学術的な言語使用の上で支障をきたすことにもなる。とりわけ話しことばと書きことばの使い分けにおいては、本節冒頭に挙げた例1-2のように、アカデミック・ライティングに見合った語の使用が課題となっていく。

1.2　統語的なパラフレーズと語彙知識

　次に、パラフレーズの対象が語レベルよりも広い範囲に及ぶ場合について説明する。語レベルよりも広い範囲からのパラフレーズでは、パラフレーズに関わる要素が統語面にも及ぶ。統語的なパラフレーズの典型的な例としては、複数の文を一文に言い換えるものがある。

　例2-1　仕事への意識が変化してきた。その要因を探る。
　例2-2　仕事への意識が変化してきた要因を探る。

　例2-1を一文にしようとすれば、2文目の「その要因」が連体修飾節によって言い換えられ、例2-2のようになる。この例は、比較的わかりやすい例である。
　次の例3-1は複文であるが、単文にしようとすれば、動詞「遅れる」が名詞「遅れ」に言い換えられ、例3-2のようになる。複文から単文への統語処理において、動詞「遅れる」から名詞「遅れ」へのパラフレーズが生じている。

例3-1　納期が遅れて損失が生じた。
例3-2　納期の遅れにより損失が生じた。

以下では、本章1.1に述べた「語の問題」をさらに掘り下げて考えるために、このような「和語動詞からの名詞化」について説明する。

名詞化は、言語構造上、意味を客体化する働きを持つとされ（丹羽2005）、形式名詞「こと」「の」による形態と、用言に対応する名詞による形態とがある。形式名詞「こと」「の」による名詞化に比べ、和語動詞からの名詞化には、次に示す通り、語に関する知識を要する。例4-1、例4-3に「こと」を用いた例を、例4-2、例4-4に名詞を用いた例を示す。

例4-1　試験では、電子辞書を使うことが禁止されている。
例4-2　試験では、電子辞書の使用が禁止されている。

例4-3　試験では、ノートを持ち込むことが禁止されている。
例4-4　試験では、ノートの持ち込みが禁止されている。

漢語動詞「漢語＋する」からの名詞化（例. 分類する→分類）では、「する」を除いた漢語の部分が名詞となるのに対し、和語動詞からの名詞化には、例4-2のように（1）同じ意味をもつ漢語の名詞が対応する場合（例. 増える→増加，減る→減少）と、例4-4のように（2）動詞の連用形が対応する場合（例. 考える→考え，まとめる→まとめ）とがある。上記（2）のような連用形からなる名詞は、「連用形名詞」（西尾1961）、「動詞連用形転成名詞」（玉村1999）と呼ばれている。本書では、西尾に従い、「連用形名詞」と呼ぶ。

意味的に対応する動詞と名詞のペアとして和語の名詞が存在しない、または存在しにくいものは少なくなく（西尾1961）、例4-2では、「使う」に対応するのは「使用」であり、連用形「使い」は非用となる。

さらに、特定の意味に限定して名詞化される連用形名詞もある。例えば「守る」の連用形「守り」は、「守りが堅い」のように「守備」という意味を表す反面、「規則を守る」からの名詞化として「規則の守り」は誤用となる。

反対に、例5-1から例5-3のように「こと」、連用形名詞、漢語のいずれにも対応する語もある。

例5-1　賞味期限と消費期限が違うことを説明する。
例5-2　賞味期限と消費期限の違いを説明する。
例5-3　賞味期限と消費期限の相違を説明する。

　一般的に和語は漢語よりも意味範囲が広いことから、対応する漢語が文によっても異なる。次に示す例6-1から例8-2では、和語「選ぶ」に対してそれぞれ「選択」「選出」「選考」といった漢語が対応している。

例6-1　情報社会では、正しい情報を選ぶことが重要である。
例6-2　情報社会では、正しい情報の選択が重要である。

例7-1　議長を選ぶにあたって手続きが必要である。
例7-2　議長の選出にあたって手続きが必要である。

例8-1　受賞者を選ぶにあたって書類を審査した。
例8-2　受賞者の選考にあたって書類を審査した。

　また、例9-1から例9-2へのパラフレーズのように、動詞「減る」から名詞「減少」へのパラフレーズが基本になってはいてもさらに別の語（例9-2では「防ぐ」）が加わることもある。

例9-1　利用客が減らないように、新たなサービスを検討する。
例9-2　利用客の減少を防ぐために、新たなサービスを検討する。

　このように和語動詞からの名詞化に伴うパラフレーズには、和語と漢語の使い分けを含む語彙選択が介在し、単純ではないと言える。実際のライティングでは、さらに文の構造や長さ、他の言語要素によって一層複雑になる。
　名詞化は、アカデミック・ライティング全般において広く使われるこ

とから、日本語教育の面でも基本的事項として位置づけられている。その一方で、ここで説明した和語動詞からの名詞化の詳細に関しては、日本語教育において、あまり詳しく触れられていない[2]。

1.3 上位概念

本章1.1及び1.2では、もとの表現とパラフレーズ後の表現が一対一に対応する例を中心に示したが、パラフレーズには、例えば「公民館、図書館、体育館を充実させる」から「公共施設を充実させる」のように、複数の表現が単一の表現になる例もある。この場合、個々の意味内容が上位概念に置き換えられる。

van Dijk & Kintsch（1983）は、削除（deletion）、一般化（generalization）、構成（construction）といった認知過程を仮定したマクロ規則によって、文章・談話（discourse）の理解を説明している。一般化及び構成においては、個々の命題が包括的に示され、抽象化される。以下に、van Dijk & Kintsch（1983: 190）の説明（邑本訳, 1998: 40）と例文（van Dijk & Kintsch 1985: 802, 筆者訳）を示す。

1. DELETION: Given a sequence of propositions, delete each proposition that is not an interpretation condition (e.g., a presupposition) for another proposition in the sequence.
（削除：他の命題を解釈するための条件とならない命題を削除する。）

   例．メアリーは、ボールで遊んだ。ボールは、青かった。
   →メアリーは、ボールで遊んだ。

2. GENERALIZATION: Given a sequence of propositions, substitute the sequence by a proposition that is entailed by each of the propositions of the sequence.
（一般化：一連の命題に対して、そのそれぞれから含意される1個のより一般的な命題へ置き換える。）

   例．メアリーは、人形で遊んだ。メアリーは、ブロックで遊ん

だ。……
→メアリーは、おもちゃで遊んだ。

3. CONSTRUCTION: Given a sequence of propositions, replace it by a proposition that is entailed by the joint set of propositions of the sequence.
（構成：一連の命題に対して、そのすべてを結合させたときに含意される新たな命題に置き換える。）

例. 私は、駅へ行った。チケットを買った。……
→私は、電車で旅行した。

上に挙げた2.及び3.の例文では、いずれも複数の文からの意味内容がもとの表現よりも抽象度が高い語で言い換えられている。このような認知過程を前提とすれば、例えばある内容をまとめて述べる場合に、もとの文章中に書かれている複数の情報をまとめて示すパラフレーズがなされることが想定される。

以上、基本的なパラフレーズの例を挙げながら、語の使用、統語的なパラフレーズと語彙知識、上位概念について述べた。

次に、ライティングにおける語用論的側面に注目し、文体の問題について論じる。

2 ライティングにおける語用論的側面

2.1 言語の知識と処理

パラフレーズが語用論的な言語使用に関わるスキルであることは、第1章で既に述べた通りであるが、語用論的能力については、第二言語習得研究において次のように捉えられている。

第二言語習得研究では、語彙、文法、語用などの言語に関する知識と、実際の言語使用に関わる種々の処理を性質が異なるものとして区別している。Bialystok & Sharwood-Smith（1985）は、心理言語学的見地から、言語運用を、図2-1のように、言語知識（linguistic knowledge）とこれを統制す

る処理体系に分けて説明している。言語知識は目標言語に関する構造化された言語情報であり、文法的能力（grammatical competence）と語用論的能力（pragmatic competence）から構成されるとしている。文法的能力には、文法の他、語彙、音韻、表記に関するものを含むとしている。語用論的能力は、場面に応じた適切な言語使用に関する能力として示されている。関連する言語知識が話し手／書き手から引き出され、コンテクストに合う言語形式に変換されるという。このように考えるならば、例えば「レポートでは書きことばを用いる」「発表スライドでは、箇条書きで簡潔に示す」ということを知っていることと、実際に第二言語で適切な言語使用ができることとは別の問題であると言える。

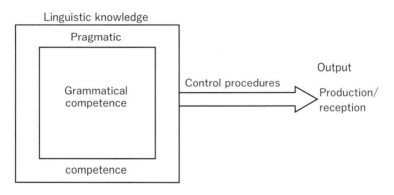

図2-1　Bialystok & Sharwood-Smith（1985: 106）による「統制的な処理と言語知識の二側面との関係」

ライティングの語用論的側面に関しては、作文評価の基準の一つにも挙げられている（Backman & Palmer 1996; 田中 2007 他）。日本語学習者の作文とその評価を検討した田中では、評価基準[3]の項目の一つとして「適切さ」を挙げている。さらに、「適切さ」の観点として「形式」と「レジスター」の二点を掲げ、表2-1のように説明している。「形式」では全体的な適切さを対象とし、「レジスター」では個々の言語表現の適切さを対象としている。いずれも「書く」上での重要な事項として位置づけている。

表2-1　田中（2007: 246）による作文評価基準における「適切さ」

トレイト	基準説明
形式	・このライティングに合った形式（「小論文・レポート」「投書文」などの形式）が使われているか （例えば、「小論文」が随筆調になっていたり、「レポート」の最後に読み手（教師）への個人的なメッセージがついていたりしないか、など）
レジスター	・このライティングに合ったレジスター（以下のa〜c）が適切に使われているか
a. 表現・語彙	a.・このライティングに合った表現・語彙が適切に使われているか 　・「話しことば」と「書きことば」の区別ができているか 　・不適切な敬意表現がないか（例えば、「遠隔授業は<u>どなたにとっても便利</u>」など）
b. 文末スタイル	b.・「普通体」と「丁寧体」の区別ができ、文末スタイルが適切に使われ、基本的に統一されているか
c. 漢字とかなの使用バランス	c.・漢字とかながバランスよく使用されているか （例えば、「小論文」がほとんど「ひらがな」で書かれていないかなど）

　第二言語としての日本語での「適切さ」に関しては、文体の問題が指摘されている（遠藤1988; 村岡1993, 1996; 小林2007）。本章冒頭で示した例1-1の「車」と例1-2の「自家用車」のように、日本語は、同じ語義を有しながら文体的特徴が異なる類義語が多い。個々の類義語の使い分けの説明は、辞書においても必ずしも十分ではなく（遠藤1988）、また例文が示されていてもその文体について日本語学習者自身が判断することは難しい（村岡1996）。さらに、村岡（1993）が指摘するように、文体の判断には語彙の他に、読み手・聴き手といった対象、話題などの複数の要素が関わる。小林（2007）は、アカデミック・ライティングにおける文体の問題が「読み手と共有できない前提や論拠、文の論理関係」（p.59）にも及ぶことを示し、必要な文体の学習が語レベルにとどまるものではないことを主張している。
　本書では、以上の点をふまえ、日本語学習者のライティングにおける語用論的な問題の一つとして文体に着目する。意図する内容をどのように表すかに加え、どのように伝えるのが適切かといった判断を要するのは、発話の場合にも共通するが、ライティングにおいては、日常語と文章語、また話しことばと書きことばの述べ方の違いが課題になると言え

る。次節2.2では、文体の違いに焦点を当てて、日常語と文章語、話しことばと書きことばの順で論じていく。

2.2 文体の違い
2.2.1 日常語と文章語

日本語の文体に関して論じたものには、宮島（1977, 1988）がある。宮島（1988）は、「動詞の文体的な性質と語い的意味とのあいだには一定の相関関係がある」とし、その特性を「単語の文体的性質（文体的特徴）」、略して「単語の文体」と呼んでいる（p.78）。単語の文体を「あらたまった場面やかきことばでつかわれる〈文章語〉、使用範囲にとくに制限のない〈日常語〉、くだけた会話にかぎられる〈俗語〉」（p.78）に分類し、次のように説明している。

> 動詞の文体と意味との相関というのは、たとえば、つぎのような事実をさす。文章語である「建築する」「運搬する」は、おおきな対象、大規模な動作に限定され、「小屋を建築する」「テーブルにコーヒーを運搬する」などというのは、不自然である。（中略）おなじく、文章語の「回答する」「謝罪する」は公的な動作にかぎられ、「親がこどもの質問にこたえる、こどもにわびる」を、これらにかえることは、よほど特殊な場面をかんがえないかぎり、不自然である。おなじようなことは、名詞についても指摘できる。「かざぐるま」と「風車（ふうしゃ）」、「手紙」と「書簡」は類義語だが、こどものおもちゃとしての〈かざぐるま〉や、家族・友だちのあいだの私的な〈手紙〉を、文章語である「風車」「書簡」であらわすのは、むずかしい。　　　（宮島 1988: 78–79）

宮島が指摘するように、文章語は日常語よりも意味が限定されて使われる。加えて、「ほのお」と「火炎」、「みち」と「道路」（p.87）のように、日常語と文章語が対応する組合せでは、文章語は日常語に比べて意味の範囲が狭いこと、また同じ語種であっても例えば「意見」と「見解」（p.86）のように、日常語―和語、文章語―漢語という関係は必ずしも成り立たないことを説明している[4]。これらの点は、第二言語として日本語を学ぶ際の難しさを一層複雑にしていると言える。

2.2.2 話しことばと書きことば

次に、話しことばと書きことばの違いを語レベルよりも広く捉えて考えてみたい。畠 (1989) が「一部に話しことばか書きことばかわからないような中間的なものが存在するとしても、典型的な話しことばと典型的な書きことばでは同じ日本語と言えども異なった二つの言語と考えたほうがよいほど、大きな違いを見せる」(p.88) と述べているように、話しことばと書きことばの違いは大きく、個々の語や文末表現にとどまらず、内容の述べ方にも及ぶ（畠1987, 1989; 遠藤1988; 半澤1997）。

水谷（2005: 348）は、両者の違いを次のような例文を挙げて説明している。この例文からもわかるように、語のみが異なるのではなく、文の構造も変わり、書きことばでは余剰な情報が捨象される。

〈話しことば〉
　家を出たのは10時だったけど、銀行でお金を預けたり買い物をしたりしたんで駅に着くのが遅くなって11時になってから駅に着いた。
〈書きことば〉
　10時に家を出て銀行で預金し買い物をして、11時に駅に着いた。

（水谷 2005: 348）

畠（1987）は、話しことばの特徴として「冗長性」という概念を提示している。冗長性を「①繰り返しなどの不必要な部分が多く、長たらしい、②全体が曖昧で、整った発話でないこと」(p.23) とするのは不十分であるとし、以下のように論じている。

話しことばの多くは、繰り返しなどの不必要な部分を多く持っているが、と同時に効率的なコミュニケーションという観点からみて必要な部分が欠落していることも、その重要な特徴である。（中略）話しことばとは一方において饒舌で長たらしく無駄が多いと同時に、他方において舌足らずで、短かすぎて説明不足であるという両面を持っている。

（畠1987: 23）

畠が指摘する、話しことばにおける情報の繰り返しと欠落は、話しことばで述べられた内容を書きことばで文章化する際に、そのパラフレーズが語と語の対応におさまらないことを意味する。つまり、パラフレーズの範囲は、語や文を超えて文章・談話全体に及ぶことになる。

　第5章から第7章においては、この特徴を有するものとして座談会での発言に着目し、その内容を文章化するといった課題状況でのパラフレーズを分析する。この言語的特性について、畠（1989）に基づき、以下に説明する。

　畠は、話しことばと書きことばの定義として、「伝達手段という観点から話しことばは音声を、書きことばは文字を伝達手段とした言語行動である」（p.88）こと、「音声による伝達を意図した発話が話しことば、文字による伝達を意図した発話が書きことばである」（p.89）ことのいずれも十分ではないと指摘した上で、図2-2の通り、両者の相違を「ことばの不完全さ」から説明している。「不完全さ」には、内容上のものと形式上のものがあるとし、話しことばで言えば、前者には情報不足や誤解を生むようなもの、後者には文法的なまちがい、主語・述語関係のずれ、言いまちがい、言いよどみ、語やフレーズの繰り返し、長いポーズなどを挙げている。話しことばと書きことばのいずれにも「不完全さが強い」ものと「完全性が高い」ものがあるとはいえ、書きことばの「不完全さが強い」ものには、筆談や走り書きのメモというような特殊な場面に限られることを補足している。

　図2-2に従えば、第5章から第7章で取り上げる、座談会で述べられた内容を文章化する課題状況では、「不完全さが強い」ことばから「完全性が高い」ことばへの変換がなされることになる。その変換では、語と語の対応にとどまらず、内容の述べ方といった、より包括的なパラフレーズが生じることが想定される。例えば聴き手の理解に対する配慮から挙げられた具体的な実例や、同じ語の繰り返し、逆に短く述べて聴き手に解釈を委ねる省略などが該当する。

　以上述べたような文体の違いに対して日本語学習者がどのように対応しているのか、内容の述べ方にも注目する必要があると思われる。このような観点から、第6章では、具体例からの抽象化に焦点を当てて考察する。第7章では、非明示的意味に焦点を当てて考察する。

	話しことば	書きことば
不完全さが強い	おしゃべり 打合せ・相談 座談会 会議での発話	筆談 走り書きのメモ 走り書きの手紙
完全性が高い	講義 講演 結婚のスピーチ 国会での代表質問 青年の主張 ニュース	家族への手紙 社内メモ 新聞 研究論文 小説 詩

図2-2　畠（1989: 95）による「ことばの不完全さ」

2.3　非明示的意味

次に、非明示的意味（implicit meaning）について説明する。Verschueren（1999）によると、非明示的意味とは、ダイクシス、発話行為、会話と並ぶ語用論のテーマの一つであり、「言語の形式によって与えられたもの、あるいは、文字通りに「言われた」こと以上の意味」（東森監訳 2010: 30）を指す用語である。以下に示す例文のAnn（アン）の発話がこれにあたる。Ann（アン）はJohn（ジョン）の誘いに対して行くか行かないかは直接的に言わずに今晩しなければならないことを伝えて断っている。

John　：Let's go to the movies tonight.
ジョン：今晩映画に行こう。
Ann　：I have to study for an exam.
アン　：試験勉強をしないといけないの。

（Verschueren 1999, 東森監訳 2010: 56）

第7章の課題状況においては、このような非明示的意味がどのように言い換えられているのか、また言い換えられていないのかを考察する。本書では、原文中の非明示的意味を要約文において原文の言語形式以外

で表現している内容語を「非明示的意味を表すパラフレーズ」と呼び、分析する。

　以上、ライティングにおける語用論的側面として文体の問題を中心に論じてきた。第二言語使用における語用論的側面に関する研究は、第1章で述べた通り、研究対象として話しことばを取り上げたものに偏り、書きことばを対象にしたものが少ない。特に話しことばと書きことばの使い分けに関しては、これまで日本語学の分野を中心に記述的研究が蓄積されてきた一方で、日本語教育の観点から日本語学習者のライティングにおける文体の問題として検証した研究は、あまり多くない。話しことばで述べられた内容を書きことばで表すことは、講義で述べられた内容を文章にまとめる場合、また調査で得られたインタビューの発言を文章にまとめる場合をはじめ、大学での日本語使用場面でも広く行われており、それぞれの伝達様式に合わせた言語表現としてパラフレーズが必要となる。第5章から第7章では、話しことばで述べられた内容をレポートの文体で文章化するといった課題状況を提示し、日本語学習者のパラフレーズに焦点を当てて考察していく。

3 ライティングにおける日本語学習者のパラフレーズ

　第二言語によるライティングにおけるパラフレーズを分析対象にした研究が限られている中で、以下の研究は、日本語学習者のパラフレーズを日本語能力の観点から検証している。

　藤村（1998）は、旧日本語能力試験2級レベル相当の留学生すなわち中級日本語学習者、同1級レベル相当の留学生すなわち上級日本語学習者、日本人大学生それぞれによる要約文に現れたパラフレーズを統語面から分析している。原文の一文の内容を要約文において一文で表したものを「単独文」、原文の二文以上の内容を要約文において一文で表したものを「連合文」とした上で、それぞれの使用数と割合を比較した結果から、第一に、中級日本語学習者は上級日本語学習者及び日本人大学生に比べて単独文を使用する割合が高いこと、第二に、日本人大学生は要約文の一文を原文の冒頭部と展開部から作るのに対して中級日本語学習者及び上級日本語学習者は冒頭部内の組合せで連合文を作ること、第三

に、原文で具体例が示されている展開部の要約では、中級日本語学習者は単独文の使用が過半数に及び、うまく圧縮できていないことを指摘している。これらの結果から、中級レベルでは、文章全体から連合文を作ることが難しいことが示唆される。

　レポートや論文などのアカデミック・ライティングでは、外からの情報を引用して論を展開していくことが多い。八若（1999）は、「作文を書くために何らかの情報を提供する reading source」(p.22)を「読解材料」と呼び、提示された読解材料を日本語学習者が各自の作文の中でどのように使っているかを分析している。読解材料としてスウェーデンの育児休業制度に関する文章（588字）を使って自国の育児休業制度についての説明文を書くことを課題とし、Campbell（1990）を参考に、読解材料からの情報の「変形のタイプ」(p.15)を「引用」「コピー」「ほぼコピー」「言いかえ」「独自の説明」「単独」の6つに分類した上で、その使用数を中級日本語学習者、上級日本語学習者、日本語母語話者の三者で比較している[5]。分析の結果から、三者に共通して「独自の説明」「単独」が多く「言いかえ」「ほぼコピー」「コピー」が少ないこと、また「言いかえ」の頻度は日本語能力の高さに比例することを示している。原文の一部を変形させて使うことが中級レベルでは難しいことを指摘している。

　さらに、八若（2001）は、複数の読解材料をもとに同様の検証を行っている。韓国人日本語中級学習者を読解能力の上位群と下位群に分け、読解材料からの情報の「変形のタイプ」を比較した結果から、下位群では上位群に比べて、「コピー」が有意に多く、「言いかえ」が有意に少ないことを明らかにしている。その理由として、Kintsch（1994）を参照し、文章理解の深さとの関連を挙げている。理解した文章の表象には異なる三つのレベル「表層構造」「テキストベース」「状況モデル」があることに言及し、状況モデルが「テキストからの情報を別の環境に応用できる、より強い理解レベル」(p.112)であるとした上で、下位群で「言いかえ」が少なかったのは、この状況モデルの形成がより困難だったことによると考察している。よく理解できているときには、これら三つのレベルすべてが含まれていると考えられている（邑本1998）。

　八若による二つの研究は、日本語能力、さらにその読解能力が「言いかえ」に影響することを明らかにした点で示唆的である一方で、産出さ

れたパラフレーズ自体の考察は、なされていない。

　上述した三つの先行研究からは、日本語能力の差がパラフレーズに影響することが明らかであるが、いずれの考察においても中級レベルの状況が中心であり、上級レベルの状況については、あまり詳しく触れられていない。また、語の使用、文体などの産出面に関わる問題については、検討されていない。パラフレーズに介在する言語的要因にも着目し、上級レベルの日本語学習者によるパラフレーズの状況を分析的に把握することは、具体的な教育方法を考えるにあたっても必要なことである。

　アカデミック・ライティングには、自身の経験や知識をもとに書くような一般の作文とは異なる難しさがあるという指摘もある。二通（2005）は、外からの情報をもとに文章を書くことの難しさとして「インターネットや参考文献から得た事実や主張を引用する際に、レポートの展開と多少合わないところがあっても、強引に自分の文章に取り込んでしまう」（p.36）、また「引用の形式を一応とってはいても、日本語力の不足のため必要な部分を的確に取り出せていない」（p.36）といった留学生の状況に触れ、日本語教育として「読解力の強化」（p.35）と「引用に関わるライティングのスキルの学習」（p.35）が必要であることを論じている。パラフレーズに関しては、「安易なパラフレーズは剽窃につながりやすい」（p.36）と指摘しており、読解力の向上に加え、ライティングの面からも考える必要があることを示している。

　第3章以降の検証に向けて、次節では、上級レベルの学部・大学院留学生を対象とした日本語教育においてパラフレーズがどのように扱われているのかについて概説する。

4　日本語教科書における扱い
　　　―アカデミック・ライティングを中心に―

4.1　文体

　アカデミック・ライティングのための主な日本語教科書[6]では、パラフレーズが主にレポート・論文の文体に関する学習項目の一部に位置づけられている。問題演習として「です・ます体」の文末を「である体」の文末に書き換える練習、また話しことばの語を書きことばの語に書き換える練習が示されているものの、取り上げられているのはごく一部で

あり、語レベルのパラフレーズに偏る（鎌田2012）。二文以上のものを一文にするパラフレーズなどが一部では扱われてはいるものの、もとの表現とパラフレーズとが語レベルで対応するものがほとんどであり、扱われている種類、量ともに限られている。また、ほとんどが語と語の対応で示されているため、コンテクストに応じたパラフレーズまでは扱われていない。

4.2　要約・引用

他にパラフレーズが関連するものには、要約と引用がある。主な日本語教科書[7]では、中心文やキーワードに注目させ、定められた字数にまとめることの説明とその課題が示されている。例えば二通・佐藤（2003）では、「中心文を手がかりにして、文章の中心的な内容を読みとる」(p.69)、「中心文をもとに、必要な部分を補って要旨をまとめる。その際、具体的な記述は省略し、最低限必要なことを簡潔な語や表現に置き換えて書く」(p.70) ことが示されている。その一方で、必要となるパラフレーズに関しては触れられていない。

引用に関しても、よく使われる文型・表現が提示されているにとどまり、同様にパラフレーズに関しては取り上げられていない。

4.3　箇条書き

箇条書きは、プレゼンテーション時の発表スライドや発表レジュメにも広く使われており、アカデミック・ライティングに必要な表現形式の一つである。発表スライドや発表レジュメは、聴き手を意識して簡潔に要点を示しながらまとめる点で通常の文章表現とは異なる。プレゼンテーション時の資料として、聴き手が発表スライドに示された文字情報の解読に困ることがないように、一枚あたりの情報量を調整して作成することが望ましいとされている（石坂2003; 上村・内田2005; 学習技術研究会編2006）。だが、実際に作成された留学生による発表スライドを見ると、ある程度まとまった文章が書ける上級レベルの日本語学習者であっても、簡潔にまとめられずに長い文章で一枚のスライドをまとめてしまうという問題が観察される（鎌田2005）。

主な日本語教科書[8]において箇条書きを単独の学習項目として取り上

げているものはないが、二通・佐藤（2003: 76–77）のように、読んだ内容を表にまとめるというような形式で箇条書きを扱っているものがある。二通・佐藤では、文章を読んだ後に文章中の二つの事柄を比較して共通点と相違点を表にまとめる小問題として箇条書きを提示している。「ポイントが一目でわかるように、下の例のように「箇条書き（一つの項目ごとに短くまとめて書く）」にすること」(p.76) と指示し、簡潔に書くことを求めている。だが、箇条書きという表現形式に対してどのようにパラフレーズするのかについては明示されていない。

以上述べた通り、アカデミック・ライティングのための主な日本語教科書では、パラフレーズについてあまり取り上げられておらず、その教育方法の検討が課題であると言える。今後、主に母語話者を想定して行われているアカデミック・ライティング教育、また海外で行われている第二言語教育を日本語教育に応用することを考えるにしても、まずは、日本語の特徴をふまえた上で、日本語学習者のパラフレーズの実態を多面的に解明し、日本語学習者にとって何が困難なのかを諸側面から把握する必要がある。

5 │ 要約時における情報の選択と包括的なパラフレーズ

第1章3.1では、第5章から第7章において、調査協力者の日本語能力で支障なく読める水準の文章を提示することを述べた。本節では、読んだ文章中のどの情報を選択し、どのようにまとめるのかということについて、各検証において以下の点をおさえて考察していくことを述べる。

川原（1989）は、要約においてパラフレーズが生じる要因には、言語形式の他に、(1) 文章全体の構成・表現素材の配置・素材相互の関係、(2) 表現素材と言語形式の両方によって提示される情報、(3) 各情報相互の関係・組合せ、(4) 要約文を作成する際の字数制限、(5) 字数制限の中で1文中にどのような情報を入れるかなどの条件の重なり合いがあるとし (p.164)、次のように述べている[9]。

最初に、要約するときの条件「内容を変えずに短くする」を満たす残

存認定単位が選択される。要約するために役に立つ、すなわち、短くするのに能率的で、なるべく多くの原文の情報を担う残存認定単位や他と比べてより重要な原文の情報、つまり原文を再現するために欠かせない情報を担う残存認定単位を選択する。このとき、要約文の書き手によって、選ぶ残存認定単位が異なる可能性がある。次に、原文中である機能を担う残存認定単位相互の組合せによって言語形式のサイズが決定されるのであろう。<u>言語形式のサイズは、原文全体から選択された情報の種類とその組合せ方によって変化するものであるといえるだろう。</u>

(川原1989: 164、下線は筆者)

ここで、書き手が選択した情報によって表出する言語形式が異なるということに注目すれば、選択される情報が日本語母語話者と同じ傾向にあるのか、あるいは異なる傾向にあるのか、異なる場合には、その傾向から第二言語使用の特徴が把握されると思われる。メイナード(2004)によれば、書き手の意見や見解が示されている文章では、意見が述べられている箇所を識別することによって文章内の中心的な内容を取り出すことが可能であり、文末表現の特徴によっても判別できる。書き手の意見や見解を読み取る際にこうした表現に着目することは、日本語の読解指導においても読解ストラテジーの一つとして広く示されており(アカデミック・ジャパニーズ研究会2002a; 一橋大学留学生センター2005他)、要約における読みでも、このような情報の選択が予想される。

さらに、要約文では、中心的な内容の抽出だけではなく、個々の文のつながりと文章全体としてのまとまりを形成することになるが、日本語学習者による要約文の問題点の一つとして、原文中の表現を抜き出して並べるだけのような書き方が見られる(遠藤1982)。この問題に対して本書では、文章全体を包括的に捉えてなされたパラフレーズにも注目する必要があると考える。その理由は、本章3でも触れたKintschによる多層的な認知レベルにある。以下の研究では、特にその一つである状況モデルとの関連から考察がなされている。

柏崎(2010)は、日本語教育の立場から、日本語母語話者を対象に、(1)小学5年生向けに書く群と、(2)大学2年生向けに書く群に分け、提示した文章を読んでその内容を伝える文章を書くという調査を行ってい

る。書いた文章に対する5段階評定、理解度テスト成績、文の重要度評定の結果に基づき、想定した相手の言語発達段階がどのように意識されたのかを考察している。伝達目的があることで相手の理解を考慮した文章の産出がなされたとし、状況モデルとの関連を指摘している。他方、日本語学習者を対象にしたライティングでは、本章3で前述したように、八若（2001）が状況モデルとの関連を指摘している。

　加えて、高橋（1996）は、教育心理学的見地から、図2-3に示す通り、文章理解として「文字・単語の処理のレベル」「文の処理のレベル」「談話の処理のレベル」を仮定したモデルを提示している[10]。各レベルについては、次のように説明されている。「文字・単語の処理のレベル」では、単語の意味的な符号化が行われるとしている。漢字表記などの文字の符号化と、心的辞書（mental lexicon）へのアクセスが想定されている。「文の処理のレベル」では、文の文法的な処理が行われるとしている。「前レベルで意味処理が行われた単語について、文法的な知識に基づいて単語間の関係を確定」（p.187）し、文章の表象が形成されるとしている。「談話の処理のレベル」では、文章からの情報にとどまらず、「当該の文章の関連領域の知識を参照し、あるいはそれらと結びつけることによって生成される」（p.187）としている。

　このような多層的な認知モデルを仮定するならば、もとの文章の表現をつなぎ合わせて書いた要約文よりも文章の内容を読み取って自身の表現で書いた要約文の方が深い読みを反映していると考えることができ、同時に、原文中の表現によらずに自身の表現で要約することこそが、上級レベルでの学習として重要であると考える。第6章及び第7章では、この点を重視し、字句通りの意味以上のことを読み取って包括的に言い換えているかどうかにも焦点を当てる。話しことばの特徴である冗長性に注目し、書かれている表現をつなぎ合わせるのではなく、書きことばとして調整しなければならない課題状況でのパラフレーズを上述した観点から考察する。

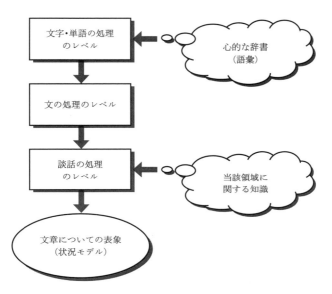

図2-3　高橋（1996: 186）による「読解過程で働く三つの処理レベル」

注 [1] 語彙の習得は、受容的なレベルから産出的なレベルへ連続的に移行していくと考えられている（Laufer 1990; Melka 1997; Henriksen 1999）。
[2] 玉村（1999）は、連用形名詞と動詞のペアが『日本語教育のための基本語彙調査』（国立国語研究所編1984）の基本語6060語に占める割合がおよそ22語に1語であることから、日本語の語彙の基本的なものとして位置づけ、日本語教育においても重視すべきであると指摘している。
[3] 田中（2007）による評価基準は、「目的・内容」「構成・結束性」「読み手」「日本語（言語能力）」から構成されている。このうち「日本語（言語能力）」の下位項目として、「正確さ」（文法、文型・構文、語彙、句読法、表記）と「適切さ」（形式、レジスター）が挙げられている。表2-1の記述は、この「適切さ」に関するものである。
[4] 宮島（1988）は、文章語には、漢語だけではなく「和語の系列の雅語」（p.86）も含まれるとし、日常語に比べて大規模、価値が高い、非個別的、抽象的、公的であるという性質を挙げている。
[5] 八若（1999: 15–16）の分類における「引用」「コピー」「ほぼコピー」「言いかえ」「独自の説明」「単独」のそれぞれの説明を以下に抜粋する。

　引用　　　：原文のまま使われるものであるが、引用符を用い、著者や書名を示すことによって読解材料からのものであることを明示しているもの。
　コピー　　：読解材料の文またはその一部を著者や書名の言及なしにそのままの形で使ったもの。
　ほぼコピー：読解材料の文またはその一部がほぼそのままの形で使われているが、1、2語、同義語に言いかえられたり、統語的な置き換えがされているもの。
　言いかえ　：「ほぼコピー」より統語・語の変形が多いもの。
　独自の説明：読解材料の内容をもとに自分の言葉で（中略）言及しているもの。
　単独　　　：「独自の説明」が何らかの詳述を伴っているのに対し、（中略）1、2語で言及しているもの。

[6] 学部・大学院留学生を対象とした、アカデミック・ライティングのための主な日本語教科書として、アカデミック・ジャパニーズ研究会編（2002b）、二通・佐藤（2003）、佐々木他（2006）、石黒・筒井（2009）を参照した。
[7] 同上。
[8] 同上。
[9] 残存認定単位については、第3章2で述べる。

[10] 高橋のモデルは、学童期の子どもを想定したものではあるが、第二言語による文章理解過程の考察にも参考にできると思われる。

第3章 文章の難易度とパラフレーズの産出との関係〔研究Ⅰ〕

1 目的

　本章では、文章の内容をまとめる際に原文の難易度がパラフレーズの産出に影響するかどうかを量的な面から検証する。先行研究では、日本語能力が比較的高い学習者のパラフレーズの産出については、あまり検討されていないことを第2章で述べた。先行研究が示す、日本語能力とパラフレーズとの関係は、書き手側の要因から解明を試みたものであるが、日本語の教育方法や教材について検討する上では、こうした知見に加えて、提示する文章の特性にも着目する必要がある。本章では、文章の難易度に焦点を当てて、上級レベルの日本語学習者が文章を読んで内容をどのようにまとめているのかを量的な側面から明らかにすることを目的とする。具体的には、学部留学生と日本人大学生それぞれの内容のまとめに使用された原文中の表現（以下、「原文からの抜き出し」と呼ぶ）とパラフレーズの割合を比較し、留学生のパラフレーズの状況が日本人大学生に比べてどのような状況にあるのか、難易度が異なる二つの文章それぞれにおいて検証する。また、難易度の違いによってパラフレーズと原文からの抜き出しの割合に相違が見られるのかどうか、さらに原文からの抜き出しに関しては、その長さにも注目して検討する。あわせて、中国人学習者と韓国人学習者の間の差異についても検討する。

2 方法

　日本の大学に在学する学部留学生（旧日本語能力試験1級相当レベル）31名

（以下、「日本語学習者群」とする）及び日本人大学2年生20名（以下、「日本語母語話者群」とする）が書いた内容のまとめを分析資料とする。日本語学習者群の母語の内訳は、中国語20名、韓国語11名である。日本語学習者群の日本語学習期間は平均45.5ヵ月である。

調査に使用した課題文は、難易度が高い課題文A（221字）、難易度が高くない課題文B（270字）の二種類である。課題文Aは、『環境白書（平成18年度版）』（環境省2006: 5）から抜粋し、文章の長さを調整するために一部書き改めたものであり、高齢化社会における単身世帯のエネルギー消費に関する分析結果について述べられている。課題文Bは、日本博物館協会ウェブサイト「やまびこネット」（http://www.j-muse.or.jp/joyful/science/sa015.html）[1]から抜粋し、文章の長さを調整するために一部書き改めたものであり、使い捨てカイロのしくみについて述べられている。

課題文の選定にあたっては、砂川（2005）を参考に、主題が最後まで一貫している談話展開のものとした。砂川は、談話展開の構造を、主題が最後まで維持される「課題持続型」と、直前に述べられた情報をふまえて次々に新しい主題が設定される「課題推移型」の二つに大別し、それぞれの文章をもとにした要約とタイトルづけに関する調査を日本語母語話者対象に行っている。得られた結果から、「課題推移型」の展開では、書き手によって様々な観点から内容がまとめられているのに対し、「課題持続型」の展開では、ほぼ同じ観点から類似したまとめがなされていることを明らかにしている。本章では、パラフレーズの分析にあたって書き手による観点が統一されていることが望ましいと考え、「課題持続型」の文章を用いることとした。課題文Aを図3-1-1に、課題文Bを図3-1-2に示す。

次に、それぞれの文章の難易度について述べる。文章の難易度には複数の要因が関係しており、何らかの基準が必要である。本章では、川村（1999）及び吉橋他（2007）の方法を参考に文章の難易度を推定した[2]。川村は、旧日本語能力試験出題基準リスト（以下、「出題基準リスト」と略す）に基づき、文章中の語のレベル別含有率から難易度を提示するシステムを開発している。吉橋他は、日本語作文支援システムにおける例文表示ツールを開発するにあたり、語彙、文法、構造のそれぞれの面から文の難易度を検討している。上述した川村と同じく出題基準リストに基づ

き、語彙及び文法の難易度を推定している。構造に関しては、主として連体修飾節内の用言の個数から推定している[3]。

　本章における二つの課題文の難易度を比較するにあたっては、語彙、文法、構造のそれぞれの面から、以下の通り、検討した。語彙の難易度に関しては、川村による難易度推定ツール「リーディングチュウ太」に基づき、文章中の語のレベル別含有率からそれぞれの難易度を推定した。文法面に関しては、吉橋他に基づき、機能表現の数と出題基準リストに該当する級から判断した。構造面に関しては、吉橋他を参考に連体修飾節数及び各連体修飾節内の用言数と、文の長さによる複雑さを検討するために一文あたりの平均文節数から比較した。以上に基づいて比較した結果、いずれにおいても課題文Aは課題文Bよりも高い値を示した。詳細は、次の通りである。まず、語彙に関しては、出題基準リストのレベル別含有率に基づき、課題文Aの方が課題文Bよりも難しいと判断した[4]。文法に関しては、表3-1-1の通り、課題文Aの方が機能表現の延べ数・異なり数ともに値が高く、さらに、よりレベルが高いものが使用されている。構造に関しては、表3-1-2の通り、連体修飾節数及び各連体修飾節内の用言数、一文あたりの平均文節数のいずれにおいても課題文Aが課題文Bよりも高い数値を示している。これらの点から、課題文Aは課題文Bよりも難易度が高い文章であると判断した[5]。

　本章3では、課題文Aを「難易度が高い文章（A）」、課題文Bを「難易度が高くない文章（B）」として述べていく。

　光熱・水道費について、比較のしやすい単身世帯について見ると、年齢が高くなるにしたがって高くなっています。これは、高齢化による体温調節機能の低下から、暖房機器等を多用する傾向にあること、定年退職に伴って在宅時間が長くなり、家電製品等の使用時間が増えることなどが関係しているものと推測されます。高齢者の健康管理のためには、冷暖房に頼らざるを得ない面がありますので、今後、高齢化が進むことによっても家庭のエネルギー消費量は増える可能性があります。

図3-1-1　課題文A

> 使い捨てカイロには、鉄粉と水、塩類、活性炭、保水材などが入っています。袋の中で鉄粉と水との化学反応（鉄が急速にさびる）により、熱が出て温かくなります。このとき働きをよくするために、いろいろな工夫がされています。できるだけ早く温かくするために、化学反応が早くなるよう鉄のかたまりではなく、粉にしてあります。また、水は保水材と一緒にいれて、べとつかないようになっています。塩類は、化学反応を早めるために、プラスティックの袋は、使い始めるまでは空気を入れないようにする役割をしています。

図3-1-2　課題文B

表3-1-1　課題文Aと課題文Bの比較（文法面）

	機能表現数及びレベル（級）	
	延べ数	異なり数
課題文A	9（2級：7, 3級：2）	8（2級：6, 3級：2）
課題文B	7（2級：3, 3級：4）	3（2級：2, 3級：1）

表3-1-2　課題文Aと課題文Bの比較（構造面）

	連体修飾節数及び各節内の用言数	一文あたりの平均文節数
課題文A	8 2用言：3, 1用言：5	14.3
課題文B	1 2用言：1	8.1

　手続きとして、調査者立ち会いのもと、調査協力者に研究の趣旨と内容を伝え、調査協力への同意を得た上で、まず、課題文Aを読み、その内容をゼミや演習での発表の一部に入れるとしたらどのようなスライド原稿（PowerPointなど）を作成するかを考え、筆記具で解答用紙の枠（縦9.5cm×横13.5cm）の中に書き込むことを求めた。次に、課題文Bを読み、同様の方法でその内容をまとめることを求めた。このように発表資料の一部として引用することを求めた理由は、第一に、発表のための資料は、

通常の文章よりも簡潔さが求められ、場面や読み手、伝達様式に応じた語用論的調整を要することを提示できることによる。第二に、読み手への配慮及び書く目的を意識させることができることによる。文章で書くか箇条書きで書くかなどの表現形式については特に指示しなかったが、「スライド原稿は聴き手に発表内容をわかりやすく示すためのものである」ことを口頭で伝えた。辞書の使用は認めなかった。また、両課題文の難易度に関しては、一切知らせなかった。解答用紙回収後、学習者群には、内容理解を問う正誤問題に答えることを求め、正答率が7割以上のものを分析対象にすることとし、解答のすべてがその基準を満たしていることを確認した。課題遂行にあたって時間制限は特に設けなかったが、各自の遂行時間は15～30分程度であった。

　このような手続きで得られた分析資料をもとに、パラフレーズの産出と原文からの抜き出しの割合について日本語学習者群と日本語母語話者群の間で比較した。箇条書きでは、用言の名詞化による「語の派生」、日常語・文章語といった「語の適切さ」、意味概念における上位語・下位語といった「語の上下関係」などの語彙の問題も含まれるが、本章では、量的な比較にとどめ、用言の名詞化に関しては第4章で、語の適切さに関しては第5章で、意味概念については第6章のそれぞれの枠組みで検討することとした。

　分析にあたっては、それぞれの原文を「残存認定単位」（ベケシュ 1989）に分けた上で、該当箇所がパラフレーズなのか、あるいは原文からの抜き出しなのかの二つに分類し、計量した。ベケシュによると、残存認定単位とは、要約研究で原文のどの部分が取り出されているのかを示す分析単位であり、節が主な単位となっている。残存認定単位は、代表的な要約研究である佐久間編（1989）及び佐久間編（1994）における要約文の分析方法としても採用されており、第2章で述べた川原（1989）も同様に残存認定単位でパラフレーズを分析している。本章においても、上述した要約研究と同じく「内容をまとめる」といった課題遂行であるため、この残存認定単位により分析することとした。表3-2にベケシュによる残存認定単位の区分基準を示す。また、残存認定単位に区分した原文の一部を以下に示す。

表3-2 残存認定単位の区分基準（ベケシュ 1989: 23-27に基づき作成）

単位	区分基準
主節	用言・助動詞の基本（終止）形の後
従属節	連用中止形の後／接続助詞の後／名詞止めの後
連体修飾節	内の関係では、底の名詞の後 外の関係では、底の名詞の前 形式名詞は、底の名詞の後
引用の表現	「～ト」「～ヨウニ」「～トカ」を伴う引用節では引用成分の前
主題的成分	「～ハ」「～モ」を伴う主題的成分が二つ以上の節に係る場合、主題的成分の後
文副詞	二つ以上の節に係る場合、文副詞の後
状況成分	二つ以上の節に係る場合、状況成分の後
独立成分	二つ以上の節に係る場合、独立成分の後
関係的成分	接続詞の後

残存認定単位の区分例：

　　光熱・水道費について、／比較のしやすい／単身世帯について／見ると、／年齢が高くなるにしたがって／高くなっています。／これは、／高齢化による（以下、略）

以下、分析の結果について（1）日本語学習者と日本語母語話者における比較、（2）難易度が異なる文章における比較、（3）中国人学習者と韓国人学習者における比較の順で述べる。

3 結果と考察

3.1 日本語学習者と日本語母語話者における比較

3.1.1 難易度が高い文章からのパラフレーズ

　まず、難易度が高い文章（A）からのパラフレーズについて述べる。難易度が高い文章（A）に対する残存認定単位数は、日本語学習者群237、日本語母語話者群156であった。これらのパラフレーズ数と原文からの抜き出し数を計量し、パラフレーズと抜き出しの割合を調べた。その結果を図3-2に示す。日本語母語話者群では、全体の約9割がパラフレー

ズであるのに対し、日本語学習者群のパラフレーズは約6割にとどまり、日本語学習者群で原文からの抜き出しの割合が相対的に高い。このことについて、日本語学習者群と日本語母語話者群の間でχ二乗検定を行ったところ、1％水準での有意差が認められた（$\chi^2(1) = 47.23, p < .01$）。難易度が高い文章（A）では、両者で内容の取り上げ方が異なり、日本語学習者群では、日本語母語話者群に比べ、原文からの抜き出しの割合が高いことがわかった。

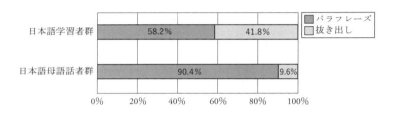

図3-2　難易度が高い文章（A）におけるパラフレーズと抜き出しの割合
（日本語学習者群及び日本語母語話者群）

次に、上で明らかになった、原文からの抜き出し傾向に関して、抜き出しの長さに着目して日本語学習者群と日本語母語話者群の間で比較した。長い抜き出しが多用されるということは、原文からの表現の取り込みの度合いが高いことを意味する。そこで、残存認定単位3単位以上連続する抜き出しを「長い抜き出し」と見なし、それらが原文からの抜き出しの残存認定単位数全体に占める割合を調べた。結果を表3-3に示す。日本語母語話者群では長い抜き出しが全く用いられていないのに対して、日本語学習者群では3単位以上連続するものが約半数を占める。日本語母語話者群における抜き出しを個別に見てみると、すべてが残存認定単位1単位以内の短いものであった。この点が両者の大きな相違であり、日本語学習者に原文に依拠する傾向が見られる。

表3-3 難易度が高い文章（A）における長い抜き出しの割合
（日本語学習者群及び日本語母語話者群）

	3単位以上連続する抜き出し数	全抜き出し数	割合
日本語学習者群	49	99	49.5%
日本語母語話者群	0	15	0.0%

3.1.2 難易度が高くない文章からのパラフレーズ

次に、難易度が高くない文章（B）からのパラフレーズについて述べる。難易度が高くない文章（B）に対する残存認定単位数は、日本語学習者群310、日本語母語話者群238であった。これらのパラフレーズ数と原文からの抜き出し数を計量し、パラフレーズと抜き出しの割合を調べた。その結果を図3-3に示す。日本語母語話者群は、パラフレーズが全体の約8割を占めるのに対し、日本語学習者群では約6割にとどまる。前述した難易度が高い文章（A）の結果と同じく、日本語学習者群において原文からの抜き出しの割合が相対的に高い。このことについて、日本語学習者群と日本語母語話者群の間でχ二乗検定を行ったところ、1%水準での有意差が認められた（$\chi^2(1) = 31.11, p < .01$）。難易度が高い文章（A）の内容をまとめた結果と同様に、難易度が高くない文章（B）でも日本語母語話者群に比べて、日本語学習者群では原文からの抜き出しの割合が高かった。

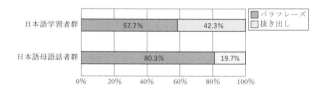

図3-3 難易度が高くない文章（B）におけるパラフレーズと抜き出しの割合
（日本語学習者群及び日本語母語話者群）

次に、各群の原文からの抜き出しの長さに着目し、残存認定単位3単位以上連続する抜き出しが原文からの抜き出しの残存認定単位数全体に占める割合を調べた。結果は表3-4の通りである。日本語母語話者群における長い抜き出しの割合は、ごくわずかにとどまっている。これに対して、日本語学習者群では、難易度が高い文章（A）ほどではないものの、まとまった数値を示し、日本語母語話者群に比べて長い抜き出しを行っていることから、難易度が高くない文章（B）においても原文に依拠する傾向が窺える。前述した難易度が高い文章（A）の結果に比べると、日本語学習者群で長い抜き出しの割合が低くなっている。難易度が高くない文章（B）は、前述した難易度が高い文章（A）に比べて一文の長さが短いことから、このことが長い抜き出しの割合が低くなった一因として考えられる。

表3-4　難易度が高くない文章（B）における長い抜き出しの割合
（日本語学習者群及び日本語母語話者群）

	3単位以上連続する抜き出し数	全抜き出し数	割合
日本語学習者群	30	131	22.9%
日本語母語話者群	3	47	6.4%

　以上、難易度が高い文章（A）と難易度が高くない文章（B）の双方において日本語学習者は日本語母語話者に比べてパラフレーズの割合が低く、原文からの抜き出しの割合が高いことが明らかになり、日本語能力が比較的高い学習者を対象にした本研究においても、日本語学習者は日本語母語話者よりもパラフレーズの割合が低いという先行研究を支持する結果となった。また、どちらの文章でも日本語母語話者が行う原文からの抜き出しのほとんどは3単位を超えない短いものであるのに対し、日本語学習者の抜き出しには3単位以上連続する長いものが目立ち、もとの文章の表現を抽出する仕方が両者で異なることが明らかになった。これは、母語と第二言語における差異であると考えられ、こうした日本語母語話者との違いは注目すべき点である。第2章で述べた認知モデル（van Dijk & Kintsch 1983; Kintsch 1994; Kintsch 1998; 高橋1996）に照らし合わせ

て考えると、日本語学習者は第二言語で内容をまとめる上で、その意味の再構築が原文中の表現に依拠した浅いレベルで行われたと考えられる。この点に関しては、3.3において中国人学習者と韓国人学習者の相違点としてさらに検討する。

3.2 難易度が異なる文章における比較

上述した、日本語学習者群による内容のまとめが抜き出しに偏るという特徴は、日本語母語話者群との比較における結果であったが、本節では、文章の難易度の違いによって日本語学習者のパラフレーズと原文からの抜き出しの割合に違いがあるのかどうかについて検討する。

まず、難易度が高い文章（A）と難易度が高くない文章（B）における日本語学習者群のパラフレーズと原文からの抜き出しの割合を図3-4に示す。図3-4を見ると、難易度が高い文章（A）と難易度が高くない文章（B）との間に目立った相違は見られない。χ二乗検定の結果、難易度が高い文章（A）と難易度が高くない文章（B）の間で有意な差はなかった（$\chi^2(1) = 0.68, n.s.$）。

難易度による有意差がないという結果は、日本語学習者群だけの特徴なのか、それとも日本語母語話者にも共通する特徴なのかを確認するために、次に、日本語母語話者群についても同様に比較した。難易度が高い文章（A）と難易度が高くない文章（B）における日本語母語話者群のパラフレーズと原文からの抜き出しの割合を図3-5に示す。図3-5を見ると、難易度が高い文章（A）の方がややパラフレーズの割合が高い。難易度が高い文章（A）と難易度が高くない文章（B）の間でχ二乗検定を行ったところ、1％水準での有意差が認められた（$\chi^2(1) = 7.30, p < .01$）。日本語母語話者群では難易度が高くない文章（B）よりも難易度が高い文章（A）でパラフレーズの割合が有意に高いことが判明し、難易度による差がないのは日本語学習者群のみであることがわかった。

この結果には、次のことが関係していると考える。日本語学習者の個々のパラフレーズを見てみると、原文で使われている難易度が高い語（旧日本語能力試験1級及び出題基準リスト外の語彙）は、より易しいレベル（同2〜4級）の語へパラフレーズが行われているわけではなく、抜き出しによりそのまま残されている。このことは、日本語母語話者群及び日本語

学習者群、また難易度が高い文章（A）及び難易度が高くない文章（B）いずれの場合においても共通している。しかしながら、日本語母語話者の個々のパラフレーズを見てみると、抜き出された1級及び級外の語彙に関連した前後の表現が、その難易度の高さに合わせるように、他の単語や機能表現などに言い換えられている。そのため、1級及び級外の語彙が占める割合が高い、難易度が高い文章（A）で、こうした語彙面及び文法面からの調整が相対的に多くなっている。これに対して、日本語学習者群の内容のまとめでは、難易度が高い文章（A）、難易度が高くない文章（B）いずれにおいても全般的に長い抜き出しが行われており、日本語母語話者のような1級及び級外語彙に関連した全体的な調整はわずかしか生じていない。このことが、日本語学習者群のパラフレーズの産出に難易度による相違が見られないという結果につながったのではないかと考えられる。

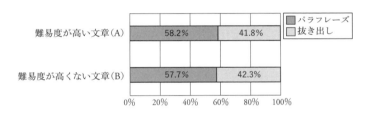

図3-4　難易度が異なる文章からのパラフレーズと抜き出しの割合
（日本語学習者群）

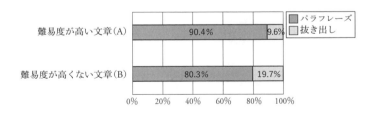

図3-5　難易度が異なる文章からのパラフレーズと抜き出しの割合
（日本語母語話者群）

3.3 中国人学習者と韓国人学習者における比較

本節では、3.2で明らかになった、日本語学習者群の原文からの抜き出し傾向に関して、中国人学習者と韓国人学習者で相違があるのかどうかを確認するために、日本語学習者群を中国人学習者群と韓国人学習者群の二群に分けて検討する。両者の比較にあたって、中国人学習者群と韓国人学習者群のそれぞれの日本語能力に差がないことを、SPOT（Simple Performance-Oriented Test) ver.2により、以下の通り確認した[6]。各群の平均点は、中国人学習者群58.4点（標準偏差4.4）、韓国人学習者群60.5点（標準偏差4.0）であった（65点満点）。t検定では両学習者群間に有意差はなかった（$t(29) = 1.28$, n.s.）。以下、パラフレーズと原文からの抜き出しの割合、長い抜き出しの割合の順で述べる。

難易度が高い文章（A）における各群のパラフレーズと原文からの抜き出しの割合は、図3-6の通りである。中国人学習者群では、韓国人学習者群に比べ、パラフレーズの割合がやや低いようであるが、χ二乗検定の結果、中国人学習者群と韓国人学習者群の間で有意な差はなかった（$\chi^2(1) = 1.10$, n.s.）。

次に、難易度が高くない文章（B）について比較する。各群のパラフレーズと原文からの抜き出しの割合は、図3-7の通りである。中国人学習者群も韓国人学習者群もほぼ同様の割合を示し、目立った相違は見られない。χ二乗検定の結果、中国人学習者群と韓国人学習者群の間で有意な差はなかった（$\chi^2(1) = 0.68$, n.s.）。以上の結果をまとめると、パラフレーズと抜き出しの割合に関して、中国人学習者群と韓国人学習者群の間で有意な差がなく、両者における相違は確認されなかった。

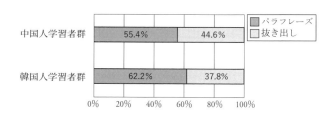

図3-6 難易度が高い文章（A）におけるパラフレーズと抜き出しの割合
（中国人学習者群及び韓国人学習者群）

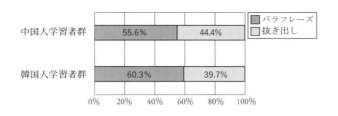

図3-7　難易度が高くない文章（B）におけるパラフレーズと抜き出しの割合
　　　　（中国人学習者群及び韓国人学習者群）

　次に、長い抜き出しの割合について見てみると、難易度が高い文章（A）では、表3-5の通り、中国人学習者群で約6割、韓国人学習者群で約4割に及び、両者ともに一定の割合で長い抜き出しが行われている。一方、難易度が高くない文章（B）では、表3-6の通り、長い抜き出しが韓国人学習者群ではごくわずかにとどまっているのに対し、中国人学習者群では3割を超えており、その差が著しい。つまり、韓国人学習者は文章の難易度によって異なる傾向を示しているのに対し、中国人学習者はいずれの文章においても、まとまった数の長い抜き出しを行っている。また、3.1.2で分析した日本語学習者群の傾向には、中国人学習者群の特徴が影響していたと考えられる。中国人学習者群ではパラフレーズよりも長い抜き出しが目立ち、全体的に語彙や構文を十分に使いこなせていない。

　このように韓国人学習者群よりも中国人学習者群に原文に依拠する傾向がより強く見られた要因の一つとしては、日本語と韓国語の間にある言語類型論的な類似から第二言語による処理の負荷が軽減されたことが考えられる。また、中国人学習者が日本語の文章を読む際に漢字に頼った読み方をする傾向があるという指摘から（重松他1994）、漢字をたどるような表面的な読み方が行われていた可能性が示唆される。このような読み方によって、第2章で述べた状況モデルを形成するような理解、すなわち情報を変形して意味を構築するような理解に至らなかった可能性が示唆される。

表3-5 難易度が高い文章（A）における長い抜き出しの割合
（中国人学習者群及び韓国人学習者群）

	3単位以上連続する抜き出し数	全抜き出し数	割合
中国人学習者群	35	62	56.5%
韓国人学習者群	14	37	37.8%

表3-6 難易度が高くない文章（B）における長い抜き出しの割合
（中国人学習者群及び韓国人学習者群）

	3単位以上連続する抜き出し数	全抜き出し数	割合
中国人学習者群	27	75	36.0%
韓国人学習者群	3	56	5.4%

4 本章のまとめと日本語教育への示唆

　本章では、文章の難易度とパラフレーズの産出との関係を検証した。その結果、第一に、難易度が高い文章（A）と難易度が高くない文章（B）のどちらの場合でも、日本語学習者は日本語母語話者に比べ原文からの抜き出しに偏り、長い抜き出しが相対的に多いこと、第二に、日本語母語話者の場合、難易度が高い文章（A）においてパラフレーズの割合が高いのに対して、日本語学習者の場合、文章の難易度による差異がないことが明らかになった。加えて、どちらの文章の場合でも、中国人学習者と韓国人学習者の間で、パラフレーズと原文からの抜き出しの割合に有意な差は確認されなかったが、長い抜き出しの割合は、特に中国人学習者に高かった。これらの結果から、パラフレーズの割合の低さは、難易度にかかわらず、中国人学習者と韓国人学習者に共通する問題であるという結論を得た。

　全般的に日本語学習者に原文からの抜き出しの割合が高いという結果には、第二言語学習者が複雑な構文や十分に熟知していない語の使用を避けることとの関連が示唆される。本調査の分析対象である「読んだ文章の内容をまとめる」といった課題状況では、字句通りの表現のままではなく上位概念で示すなどの、より抽象度の高い表現の使用が想定され

るが、意識的にせよ無意識的にせよ、そうしたパラフレーズを試みることなく、提示された文章から選択した原文中の表現を中心に内容をまとめたのではないかと推察される。この点に関しては、第6章で改めて検討する。

　原文中の表現に依拠する傾向は、日本語母語話者にはほとんど見られず、本章の結果は、全体として第二言語による処理が浅く表層的であることを示唆するものであり、この傾向は特に中国人学習者に見られた。母語での言語スキルをふまえて考えると、次の点が指摘される。南本(1995)によると、中国の作文教育方法の一つに「範文模倣作文」というものがあり、全般的に原典の表現を尊重する姿勢が浸透しているという。中国人学習者がパラフレーズ自体に消極的であったことにこのことが関係している可能性もある。母語の面からさらに検討が必要であるが、日本語教育の一環としてパラフレーズを取り上げて習熟を図ることによって、原文中の表現の抽出にとどまらないライティングに近づけていくことができると思われる。

　また、日本語学習者の内容のまとめにおいて文章の難易度にかかわらずパラフレーズの割合が有意に低いという結果は、難しい文章であれ易しい文章であれ、単に文章を提示するだけでは、パラフレーズには結びつかず、日本語教育の観点から何らかの働きかけが必要であることを意味する。とりわけ学術的場面におけるライティングでは、本章で提示した文章からの内容のまとめよりも高度で複雑な認知過程を伴うことから、その傾向が一層強まることが予想される。まずは日本語教育としてパラフレーズを積極的に取り上げていく必要があると思われる。3.2で考察したように、日本語母語話者の内容のまとめでは、難易度が高い語に関連してパラフレーズが生じていたことをふまえて考えると、難易度が高い語に付随して使われる表現が鍵になると思われる。

注 [1] 2006年当時掲載されていたもので、現在はウェブサイトのリニューアルによる閉鎖のため、掲載されていない。
[2] 自然言語処理の研究分野においても文章の難易度推定ツールが開発されているが、そのほとんどは主に小・中・高等学校の国語教科書をデータとして構築されたものであり、第二言語としての日本語の難易度を反映したものではない（柴崎2014）。そのため、本章では、これらの文章の難易度測定ツールを用いなかった。
[3] 吉橋他（2007）では、他に「離れた文節に係る文節」及び「多段に渡る修飾」に関しても検討しているが、計算法や妥当性の面で課題が残されているため、扱わないこととした。
[4] 川村（1999）による難易度推定ツール「リーディングチュウ太」（http://language.tiu.ac.jp/ 検索日：2006年10月15日）において課題文Aは「難しい」、課題文Bは「ふつう」と推定された。調査対象とした学部留学生が実際に大学で接する文章であることを前提とし、その水準に達しない易しすぎる課題文は扱わないこととした。このような理由で、「易しい」と推定された文章ではなく、「ふつう」と推定された文章を用いた。
[5] 両課題文における内容面の難しさについては、手続きとして行った各文章の内容理解を問う問題で、一定水準の解答が得られていることから、二つの課題文の内容における難易度には大きな違いはないものとした。
[6] SPOTは、「自然な速度で読み上げられる文（音声テープ）を聞きながら、同時に解答用紙に書かれた同じ文を読み、各文に1箇所設けられた（　）内に、聞こえた音（ひらがな1字分）をディクテーションさせる形式のテスト」（フォード他1995: 95）であり、総合的日本語能力を反映したテストであるとされている（小林他1996）。日本語レベルチェックや第二言語としての日本語習得研究において広く活用されている。

第4章 名詞化〔研究Ⅱ〕

1 目的

　第3章では、文章の難易度とパラフレーズの産出との関係について分析し、量的な面での特徴を把握した。第4章以降では、(1) 語レベル、文レベルからの局所的な処理を中心とするパラフレーズ（第4章、第5章）と、(2) 複数の文、また文章・談話レベルからの包括的な処理を中心とするパラフレーズ（第6章、第7章）に分けて、それぞれの困難点の解明を試みる。上記 (1) は、留学生を対象としたアカデミック・ライティングの主要な日本語教科書で扱われている内容である。上記 (2) は、留学生を対象としたアカデミック・ライティングの主要な日本語教科書で扱われていない内容である。

　本章では、名詞化を取り上げ、その誤用を分析することを通して、統語的なパラフレーズを行う際の語の使用の問題について検討する。二つ以上の文をまとめたり、もとの文の言語サイズを圧縮させたりする際には、述部を名詞句にするパラフレーズがよく用いられる。この名詞化は、第2章にも述べたように、アカデミック・ライティングの基本的事項の一つとして位置づけられている一方で、和語動詞からの名詞化に伴うパラフレーズには、動詞から名詞に変換するにあたって「名詞＋が＋和語動詞」及び「名詞＋を＋和語動詞」を「名詞1＋の＋名詞2」にする統語的な処理の他、和語と漢語の使い分けを含む語彙選択が介在し、単純ではない。「動詞の連用形が名詞として使用される」といった言語知識がすべての場合には適合しないことから、関連する誤用が少なからず観察される。以下、鎌田（2005）より誤用例4-1、誤用例4-2に日本語学

習者の発表レジュメでの誤用例を下線で示す。

誤用例4-1
 5. 解決策
  ・国や企業の制度や技術必要
  ・利用者のエチケット<u>守り</u>
  （略）

（鎌田 2005: 56）

誤用例4-2
 1. はじめに
  ・調査対象：選挙人名簿で3千人を<u>選び</u>（有効回答数：1940人）
  ・実行日 ：2004年10月30日、11月1日
  ・方法 ：個別面談
  （略）

（鎌田 2005: 56）

　誤用例4-1は、韓国人上級学習者がインターネットの利用をテーマにしたプレゼンテーションの際に作成した発表レジュメの一部である。インターネットを利用する上での課題に言及し、国や企業が制度や技術面から改善を図る必要があることと、エチケット（「マナー」の意）を守るという意識を利用者自身が持つことの二点を解決策として挙げている。誤用例4-1の「エチケット守り」というのは、動詞「守る」を名詞化し、その連用形「守り」を使用したために誤用になった事例である。

　誤用例4-2も韓国人上級学習者による誤用である。世論調査に関する記事の内容を発表レジュメにまとめる際に、記事の一部「全国の有権者から選挙人名簿で3千人を選び、10月30日と11月1日に学生調査員が個別に面接調査した。有効回答数は1940人」（朝日新聞朝刊, 2004.11.17）という文を箇条書きにする際に生じた誤用である。この事例も名詞化に起因する誤用であり、記事中の表現のまま箇条書きとして「3千人を選び」としたものである。

　このように箇条書きでは名詞化が多用される一方で、第2章1.2で論

じたように、和語動詞からの名詞化には、語に関する知識と統語的な処理の双方が関係し、さらに同一の和語動詞であっても文脈によってどのような語に変えるかが異なるなど、単純には置き換えられないため、漢語の語彙が比較的豊富な中国人学習者や韓国人学習者であっても実力の差が出る項目である。こうした問題をふまえ、本章では、漢語の語彙が比較的豊富であるとされる中国人学習者及び韓国人学習者を対象に、「名詞＋が＋和語動詞」及び「名詞＋を＋和語動詞」からなる単文を「名詞1＋の＋名詞2」の形に直す場合に限っても誤用が見られるのかどうかを調べ、その誤用の特徴を明らかにすることを目的とする。

2 方法

以下に述べる方法で作成した問題24問に対して日本の大学に在学する学部留学生30名（旧日本語能力試験1級相当レベル）が解答したものを分析資料とした。内訳は中国人学習者18名（以下、中国人学習者群）、韓国人学習者12名（以下、韓国人学習者群）である。両群の比較にあたって、日本語能力に差がないことをSPOT (Simple Performance Oriented Test) ver.2により、以下の通り、確認した。各群の平均点（65点満点）は、中国人学習者群59.4点（標準偏差2.62）、韓国人学習者群60.5点（標準偏差3.99）であった。t検定では、両学習者群に有意な差はなかった（$t(28) = .06$, *n.s.*）。

調査にあたって、「名詞＋が＋和語動詞」及び「名詞＋を＋和語動詞」からなる一文を「名詞1＋の＋名詞2」（例. 列車が遅れる → 列車の遅れ、例. テレビが壊れる → テレビの故障）の形に直す問題24問を作成した。解答にあたる「名詞1＋の＋名詞2」の「名詞2」には、a）連用形名詞、b）漢語名詞のいずれかが入る。提示した各文は、動詞と名詞がそれぞれ1語のみ含まれるごく単純な文構造であり、問題文における各語の難易度も、「二酸化炭素」「化石」の2語以外はすべて旧日本語能力試験2級レベル以下のものである。

分析資料の収集にあたっては、調査協力者に研究の趣旨と内容を伝え、調査協力への同意を得た上で、上述した24問に解答することを口頭と問題用紙による指示（「下の例のように（　　　）に名詞を入れて言い換えてください。ひらがなで答えてもかまいません。」）で求めた。問題用紙の冒頭に

は、漢語名詞が解答になる例（テレビが壊れる→テレビの故障）と連用形名詞が解答になる例（列車が遅れる→列車の遅れ）を示した。問題と解答に関する教示は行っていない。時間制限は特に設けなかったが、所要時間は概ね10〜15分程度であった。辞書の使用は、認めなかった。各解答の正誤判断は、日本語教育経験を有する日本語母語話者2名が行った。事前に日本語母語話者8名から同じ問題への解答を得て、そこに現れた解答を中心に判断基準を設定し、これをもとに正用と誤用を判断した。

得られた分析資料をもとに、(1) 韓国人学習者と中国人学習者の間での正答率の比較、(2) 連用形による誤用の平均出現率における比較、(3) 漢語名詞による誤用の平均出現率における比較を行った。結果を以下に述べる。

3 結果と考察

表4-1は、中国人学習者群、韓国人学習者群それぞれの平均正答率及び標準偏差を示したものである。中国人学習者群、韓国人学習者群双方において、正答率は7割強となった。両群の正答率は、ほぼ同様の値を示し、差はほとんどない。t検定により検討した結果、両学習者群間に有意差はなかった（$t(28) = .59, n.s.$）。主な正用例及び誤用例は、章末の別表1に示す。

表4-1　平均正答率と標準偏差

	正答率	標準偏差
中国人学習者群	77.3%	8.83
韓国人学習者群	79.5%	11.44

n.s.

次に、それぞれの誤用の内訳を示す。誤用は、a) 連用形による誤用（例. ビルを建てる→*ビルの建て）と、b) 漢語名詞による誤用（例. ビルを建てる→*ビルの建成）に大別される（*印は誤用を示す）。それぞれの誤用数とその割合を表4-2に示す。連用形による誤用の割合がそれぞれ中国人学習者群で約7割、韓国人学習者群で約半数に上った。この結果は、母語

と目標言語である日本語の間で、名詞化する際に「和語動詞の連用形は、名詞の働きをする」といった知識が負に働いたものであると解釈される。すべての動詞の連用形が名詞として使用できるわけではないことから、その判断の正誤が結果に影響したものと推察される。

次に、各群の連用形による誤用の一人あたりの平均出現率を表4-3に示す。各群の連用形による誤用の一人あたりの平均出現率を比較したところ、t検定の結果、5％水準で有意な差が確認され、連用形による誤用について中国人学習者群が韓国人学習者群に比べて有意に高いことがわかった（$t(28) = 2.12, p < .05$）。この原因として、母語による名詞化の方法の違いが挙げられる。韓国語は、漢語の他に日本語の和語に相応する固有語と呼ばれる語種を有し、名詞化の方法が日本語と類似しているのに対し、中国語は漢語のみであり、名詞化の方法が日本語とは異なる。中国人学習者にとっては、母語にはない言語処理にあたるため、このことが影響したのではないかと考えられる。一方、漢語名詞による誤用については、表4-4に示す通り、中国人学習者群と韓国人学習者群の間で有意な差は認められなかった（$t(28) = 1.50, n.s.$）。

表4-2　誤用の内訳

	連用形使用	漢語使用	無回答	計
中国人学習者群	68（69.4%）	28（28.6%）	2（2.0%）	98（100.0%）
韓国人学習者群	28（47.5%）	30（50.8%）	1（1.7%）	59（100.0%）

表4-3　連用形による誤用の平均出現率及び標準偏差

	平均出現率	標準偏差
中国人学習者群	3.78	2.02
韓国人学習者群	2.33	1.50

$p < .05$

表4-4　漢語名詞による誤用の平均出現率及び標準偏差

	平均出現率	標準偏差
中国人学習者群	1.56	0.98
韓国人学習者群	2.50	2.02

$n.s.$

中国人学習者に連用形による誤用が多いのは、以下の先行研究が示す、次のような第二言語による誤用の特徴が影響していると考えられる。第二言語習得の観点から、安（1999）は、日本語学習者の漢語の習得において、韓国人学習者には「母語の影響による誤用」（p.16）と「間違った推測による誤用」（p.16）がともに多いのに対し、中国人学習者には「間違った推測による誤用」が多く、中国語に存在する漢語の使用を避ける特徴を指摘している。本研究における個々の誤用を見てみると、安の指摘と同様に、中国人学習者には、母語に存在する漢語ではなく、動詞連用形を名詞として用いた誤用が目立つ。中国人学習者が解答時に単なる母語との対応だけでは解決できないことを意識した結果、漢語を用いずに動詞連用形による誤用の割合が高まったのではないかと考えられる。

4　本章のまとめと日本語教育への示唆

　以上の結果から、和語動詞を含む単文から名詞句へのパラフレーズにおいて、中国人学習者に動詞連用形による誤用が多いことが判明した。このことは、母語の干渉による誤用ではなく、連用形名詞に関する言語知識が正用につながっていないことを示している。このように、動詞を名詞にする局所的な処理であっても語の使用の面で困難なものがあることが明らかになった。

　得られた結果から、以下の教育方法が考えられる。第一に、もとの語の品詞を別の品詞に変える統語的な処理を想定した語彙力の強化である。類義語の学習では、例えば「使う」と「使用する」のように、共通した品詞のものが比較的多く扱われている。言語知識を実際のライティングでの日本語使用につなげることを考えれば、本章で取り上げた、意味が対応する動詞と名詞のように、品詞が異なる類義語の提示とそのパラフレーズの学習も一方で重要であろう。具体的には、次の通りである。まず、和語と漢語の対応について学ぶ段階を設け、第2章1.2に示した例6-1から例8-2に挙げたように、それぞれの意味に対応する語が異なるものを提示する。次に、和語動詞からの名詞化を取り上げ、連用形名詞による名詞化からなる問題文と、漢語による名詞化からなる問題文

の双方を提示する。図4-1に和語と漢語についての基本的な問題演習の一部を、図4-2に名詞化の問題演習のうち和語動詞からのパラフレーズに焦点を当てた基本的な問題演習の一部を示し、説明する。

　まず、図4-1について説明する。【問題Ⅰ】の1～3及び【問題Ⅱ】の1～2はいずれも和語動詞「使う」に対応する漢語を取り上げた問題である。意味によって対応する漢語が異なるものを提示している[1]。

　次に、図4-2について説明する。【問題Ⅰ】は、適切な語を選ぶ問題である。【問題Ⅱ】は、下線部の「和語動詞＋こと」を名詞一語で言い換えるものである。問題文の和語動詞に対応する名詞が何かを考えて解答する問題となっている[2]。

　第二に、日本語学習支援システムの活用である。上述した問題演習を行う一方で、意味が対応する語を適切に使いこなす語彙力を身につけるには、習熟するまでにある程度の時間を要することに配慮し、例えば共起語情報を含む日本語作文支援システムの活用が考えられる。「日本語作文支援システムなつめ」（http://hinoki-project.org）（仁科他2011；阿辺川2012）では、Web上でユーザーが語を入力すると、大量のコーパスデータから、その語と共起する語及び例文が提示されるしくみになっている。語の選択といった局所的な処理に関わる言語情報をこのような日本語作文支援システムで提示することによって、学習者の円滑な日本語使用を支えることができると考えられる。

【問題Ⅰ】下の例のように適切な語を選びなさい。
　　例．議長を選ぶ。　　　　　　　（ⓐ選出する　　b.選択する　　c.選定する）

　1.縦書きと横書きで異なる文字を使う。
　　　　　　　　　　　　　　　　（ a.利用する　　b.実用する　　c.使用する）
　2.ジョギングは、適度なカロリーを使う。
　　　　　　　　　　　　　　　　（ a.利用する　　b.実用する　　c.消費する）
　3.文献を調べるために図書館を使う。
　　　　　　　　　　　　　　　　（ a.利用する　　b.実用する　　c.運用する）
　　　　　　　　　　　　　〈略〉

【問題Ⅱ】下の例のように下線部を漢語一語で言い換えなさい。
　　例．議長を選ぶにあたって、その説明が行われた。
　　　　→議長の（　　選出　　）にあたって、その説明が行われた。

　1.試験では、電子辞書を使うことが禁止されている。
　　　→試験では、電子辞書の（　　　　　）が禁止されている。

　2.国際会議では、多様な人材を使うことが方針として示された。
　　　→国際会議では、多様な人材の（　　　　　）が方針として示された。

　3.たくさんの寄付金が集まった。
　　　→（　　　　　）の寄付金が集まった。

　4.たくさんのデータを処理する。
　　　→（　　　　　）のデータを処理する。
　　　　　　　　　　　　　〈略〉

図4-1　問題例（和語と漢語）

【問題Ⅰ】正しいものを選びなさい。
 1. 進路の（ a.選び　b.選択 ）をテーマにした講演会が開催される。
 2. 通信機器の（ a.使い　b.使用 ）により効率を図る。
 3. アイカメラで視線の（ a.動き　b.運動 ）を計測する。
〈略〉

【問題Ⅱ】下の例のように下線部を一語で言い換えなさい。
 例. 試験では、電子辞書を<u>使うこと</u>が禁止されている。
　　→試験では、電子辞書の（　使用　）が禁止されている。
 例. 試験では、ノートを<u>持ち込むこと</u>が禁止されている。
　　→試験では、ノートの（　持ち込み　）が禁止されている。

 1. ライフスタイルが多様化する中で、仕事に対する価値観が<u>変わること</u>は、各国共通の傾向である。
　　→ライフスタイルが多様化する中で、仕事に対する価値観の（　　　　）は、各国共通の傾向である。

 2. 計画が<u>変わること</u>で新たな問題が生じた。
　　→計画の（　　　　）で新たな問題が生じた。

 3. 法律が<u>変わること</u>に反対する意見が示された。
　　→法律の（　　　　）に反対する意見が示された。

 4. 調査結果を<u>まとめること</u>と今後の課題について報告する。
　　→調査結果の（　　　　）と今後の課題について報告する。
〈略〉

図4-2　問題例（名詞化）

別表1

	主な正用例	主な誤用例
(1) 気温が上がる → 気温の（　）	上昇	上がり
(2) 荷物が落ちる → 荷物の（　）	落下、転落	落ち、紛失
(3) 病気が進む → 病気の（　）	進行、悪化	進み、発展
(4) 荷物を運ぶ → 荷物の（　）	運搬、搬送	運び、搬運
(5) 化石が見つかる → 化石の（　）	発見	―
(6) 気温が下がる → 気温の（　）	低下	下がり
(7) 住所が変わる → 住所の（　）	変更	変化、変動
(8) 状況が変わる → 状況の（　）	変化	変わり
(9) 日時が決まる → 日時の（　）	決定、確定	決まり
(10) 列車が通る → 列車の（　）	通過	通り
(11) ビルを建てる → ビルの（　）	建設、建築	建て、建成
(12) 結果をまとめる → 結果の（　）	まとめ、整理	総結
(13) 方法を選ぶ → 方法の（　）	選択	選び
(14) 服が汚れる → 服の（　）	汚れ	汚染
(15) 書類を送る → 書類の（　）	送付、発送	送り
(16) 合格を喜ぶ → 合格の（　）	喜び	喜悦
(17) 本を返す → 本の（　）	返却	返し
(18) 二酸化炭素を出す → 二酸化炭素の（　）	排出、放出	出し、検出
(19) レポートを出す → レポートの（　）	提出	―
(20) 司会を頼む → 司会の（　）	依頼	頼み
(21) 写真を撮る → 写真の（　）	撮影	撮り
(22) 商品を売る → 商品の（　）	販売	売り
(23) 電話を使う → 電話の（　）	使用、利用	―
(24) 表を作る → 表の（　）	作成	作り

注　[1]　解答は次の通りである。
　　　　　【問題Ⅰ】1. c.　2. c.　3. a.
　　　　　【問題Ⅱ】1. 使用　2. 活用　3. 多額　4. 大量

　　[2]　解答は次の通りである。
　　　　　【問題Ⅰ】1. b.　2. b.　3. a.
　　　　　【問題Ⅱ】1. 変化　2. 変更　3. 改正　4. まとめ

第5章　語の誤用〔研究Ⅲ〕

1　目的

　第4章では、名詞化における誤用を分析し、統語的なパラフレーズを行う際の語の使用の問題を明らかにした。第5章、第6章、第7章では、文体の違いへの対応に見られるパラフレーズに焦点を当て、以下の三つの側面から検証する[1]。第一に、話しことばから書きことばへの語彙的な調整としてのパラフレーズに見られる誤用の特徴を捉える（本章）。第二に、具体例の抽象化に伴う語の使用に着目し、話しことばの冗長性[2]が現れている箇所に対して日本語学習者がどのようにパラフレーズを行っているかを捉える（第6章）。第三に、文の機能に着目し、参照した文章の内容をどのように再現しているかを捉える（第7章）。
　本章では、第一の点について取り上げ、パラフレーズの状況を語彙の面から明らかにすることを目的とする。まず、原文の表現に語レベルで一対一に対応するパラフレーズにおける誤用と、内容をまとめて言い換えるためのパラフレーズにおける誤用をそれぞれ分析する。接続表現のパラフレーズについても考察する。その後、フォローアップ・インタビューの結果に基づき、日本語学習者がどのような過程を経て個々の誤用に至ったのか、その語彙選択について考察する。
　なお、第5章から第7章では、座談会での話を文字化したものを読み、その内容をまとめる課題を提示する。半澤（2003）は、「文章」と「談話」をことばの最も大きな単位として捉え、「単独の主体による「文」を基本単位とするものが「文章」、複数の主体による「発話」を基本単位とするものが「談話」である」（pp.12–13）とした上で、「文章」と「談話」を文

字言語か音声言語かという点からではなく、「ことばの主体の単複つまり交代の有無」(p.17) によって区別し、「座談会自体は参加者相互のことばによって成り立つものであるのに対して、文字化されたものを読む場合は、座談会の参加者という共同の主体（送り手としては単独の主体）からの一方的なことばによって、その全体が成り立つゆえに、「文章」となる」(p.18) と説明している。この定義に従えば、第5章から第7章では、「文章」から「文章」へのパラフレーズを観察することとなるが、座談会での話を文字化したものには、第2章2.2.2で述べた話しことばの特徴が反映されていることから、文体の違いに対するパラフレーズの様相を観察することが可能である。第5章から第7章では、この点から座談会での話を文字化したものからの要約を取り上げる。

2　誤用分析

2.1　方法

2.1.1　予備調査

本調査に先立ち、日本の大学に在学する学部留学生（以下、「学部留学生」と略す）及び日本人大学生各2名に、座談会での話が文字化された文章を提示し、書きことばで要約することを依頼した。学部留学生の要約文と日本人大学生の要約文の間で語の使用及び内容の述べ方に相違があることが確認された。

2.1.2　対象

学部留学生1〜3年生（旧日本語能力試験1級レベル相当）33名（男15名，女18名）が書いた要約文を分析資料とする。母語の内訳は、中国語19名（以下、「中国人学習者群」とする）、韓国語14名（以下、「韓国人学習者群」とする）である。平均日本語学習期間は、48.7ヵ月である。全員がレポートの書き方に関する学習経験及びレポート執筆経験を有する。レポート・論文の文体に関しては、日本語教科書に提示されている、ごく初歩的な内容を日本語の授業で学習している。中国人学習者群と韓国人学習者群のそれぞれの日本語能力に差がないことをSPOT（Simple Performance-Oriented Test）ver.2により確認した。各群での平均点（65点満点）は、中国

人学習者群53.9点（標準偏差6.47）、韓国人学習者群60.7点（標準偏差4.50）であった。両群間に有意差はなかった（$t(31) = -3.374$, n.s.）。

研究の目的に従い、語彙面の誤用を分析対象とし、テンス、アスペクト、主述のねじれなどの文法面の誤用は扱わないこととした。

2.1.3　手続き

調査に使用した文章を図5-1に示す。独立行政法人国立国語研究所編（2002）『新「ことば」シリーズ15　日本語を外から眺める』（財務省印刷局発行）から抜粋し、文章の長さを調整するために一部書き改めたもので、「外来語の使用」をテーマにした座談会の一部である。文章の選定にあたっては、研究の目的に基づき、（1）話しことばで書かれているもの、（2）聴き手の理解に対する配慮から内容の繰り返しや実例が含まれているものであることを考慮した。文章は410字から構成されている。

　これからもっと考えるべきなのは、外来語はどうするかということです。今日、ここに来るときに家から駅まで歩いた道でも、レンタルビデオ店の看板に「supervideo multimedia game」と書いてあるんですね。片仮名も何も書いてない。駅の中の商店街の看板にも、枝豆の絵が書いてあって日本語の発音のビーンズという片仮名の表示もなく、ただ「beans」と書いてありました。これはすごく残念でならないことですね。これに関してはフランスで、フランス語で書かなければならない、とかいうルールがあったりします。これは決して非国際化でも何でもない。日本の中には、確かに、いろいろな母語を持っている人たちが住んでいるんですけれども、でも大半はやっぱり日本人で、その中には、おじいちゃん、おばあちゃんなど、日本語しか読めない人もいます。そういう面では、すべてのものに関して、「日本語でも表示する」というルールを設ければどうかと思います。

図5-1　調査に使用した文章

分析資料の収集にあたっては、調査協力者に研究の趣旨と内容を伝え、調査協力への同意を得た上で、図5-1の文章を要約することを口頭と問題用紙による指示（「この意見の内容を、書きことばでレポートや論文に書くとしたら、どのように書きますか。130字以内にまとめなさい。」）で求めた。このように話しことばで述べられたものを文章として提示した理由は、音声資料からの内容のまとめでは、スピードや音声の不明瞭さに起因した聞き落としをはじめ、パラフレーズの産出に個々人の聴解能力が影響する可能性があることによる。要約の字数は、もとの文章のおよそ3分の1の130字以内とした。提示した課題の後、内容理解を問う問題を課し、3分の2以上の正解を得たものを分析対象とした[3]。調査開始から終了まで調査者が立ち会い、辞書の使用は認めなかった。事前の読解指導は行っていない。

2.1.4　分析方法

　まず、話しことばによって述べられている内容を書きことばとしてまとめる上で必要となる語彙的な調整ができているかどうか、要約文全体を通した達成状況を捉えた。中国人学習者群、韓国人学習者群それぞれの要約文の中に文体の違いに関する誤用があるかどうかを調べ[4]、この種の誤用がない要約文が各群の要約文総数に占める割合を比較した。

　次に、誤用の特徴を捉えるために、以下の二つに分けて分析することにした。一つは、原文表現から一対一に対応する形で言い換えられているものである（例．原文：「でも大半は、やっぱり日本人で（略）」→パラフレーズ：「だが、大半はやはり日本人で（略）」）。もう一つは、原文において二つ以上の意味内容をまとめて別の語句を用いて一つの表現に言い換えているもの、また句レベル以上の単位で表現されている意味内容をまとめて別の語句を用いてそれより小さい単位で言い換えているもの（以下、「意味内容をまとめて表すパラフレーズ」とする）である。以下、順に述べる。

　一対一に対応するパラフレーズの誤用を抽出するにあたっては、語彙的な調整が必要となる箇所として、用語用法辞典（柴田・山田編2002; 城生・佐久間1996; 田他編1998; 芳賀他1996; 森田1977, 1980; 類語研究会編1991他）及び留学生対象の日本語教科書（アカデミック・ジャパニーズ研究会編2002b; 二通・佐藤2003; 佐々木他2006; 石黒・筒井2009他）を参考に、です・ます体、縮

約形、終助詞などの話しことば、大学のレポート・論文の文体としてふさわしくない語の各点から図5-2の下線部①〜㉘を特定した。いずれも留学生が知っているべき最も基本的なものとして話しことばと書きことばの区別が明確なものを対象とした。

　　これから①もっと考えるべきなのは、外来語はどうするかということ②です。今日、ここに来るときに家から駅まで歩いた道でも、レンタルビデオ店の看板に「supervideo multimedia game」と書いてある③ん④です⑤ね。片仮名も何も書い⑥てない。駅の中の商店街の看板にも、枝豆の絵が書いてあって日本語の発音のビーンズという片仮名の表示もなく、⑦ただ「beans」と書いてあり⑧ました。これは⑨すごく残念でならないこと⑩です⑪ね。これに関してはフランスで、フランス語で書かなければならない、⑫とかいうルールがあっ⑬たりし⑭ます。これは決して非国際化でも⑮何でもない。日本の中には、確かに、⑯いろいろな母語を持っている⑰人たちが住んでいる⑱ん⑲␣です⑳けれども、㉑でも大半は㉒やっぱり日本人で、その中には、㉓おじいちゃん、㉔おばあちゃんなど、日本語しか読めない人もい㉕ます。㉖そういう面では、すべてのものに関して、「日本語でも表示する」というルールを設ければどうかと㉗思い㉘ます。

図5-2　分析対象とした箇所（下線部）

次に、意味内容をまとめて表すパラフレーズの例を以下に示す。

例5-1
　〈原　文〉　でも大半はやっぱり日本人で、その中には、<u>おじいちゃん、おばあちゃん</u>など、日本語しか読めない人もいます。
　〈要約文〉　日本の中には、<u>高齢者</u>など、日本語しか読めない人がいる。

例5-2
　〈原　文〉　日本の中には、確かに、<u>いろいろな母語を持っている人</u>

たちが住んでいるんですけれども、(略)

〈要約文〉 日本の中には、外国人がいるが、日本語しか読めない日本人もいる。

　例5-1の要約文では、原文中の「おじいちゃん、おばあちゃん」が「高齢者」に言い換えられている。例5-2の要約文では、原文中の「いろいろな母語を持っている人たち」が「外国人」に言い換えられている。この種のパラフレーズの特定にあたっては、原文中の表現と要約文中のパラフレーズとの対応の基準（章末「別表2」参照）を作成し、それに基づき行った。意味内容をまとめて表したパラフレーズ数は、中国人学習者群57例、韓国人学習者群40例であった。

2.2　結果と考察
2.2.1　全体を通したパラフレーズの達成状況
　文体の違いに関する誤用（語レベル）の有無を図5-3に示す。全体を通して適切な語を使用していた要約文の割合は、図5-3の通り、中国人学習者群15.8％、韓国人学習者群0.0％とともに低い結果となった。分析対象とした語は、話しことばと書きことばの区別が明確かつ基本的なものであるにもかかわらず、全体を通して正用を果たした割合がともに低かった。どのような誤用が生じているのかについて、以下、(1) 一対一に対応するパラフレーズの誤用、(2) 意味内容をまとめて表すパラフレーズの誤用、(3) 接続表現のパラフレーズの順で述べる。

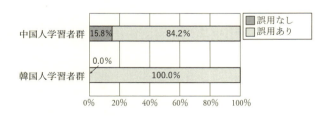

図5-3　文体の違いに関する誤用（語レベル）の有無

2.2.2 一対一に対応するパラフレーズの誤用

　一対一に対応するパラフレーズの誤用数は、中国人学習者群18例、韓国人学習者群25例であった。それらを、a）原文の話しことばをそのまま使用した誤用、b）原文の話しことばを他の話しことばに言い換えた誤用、c）原文の話しことばを誤った書きことばに言い換えた誤用に分類し、それぞれの割合を図5-4に示す。中国人学習者群、韓国人学習者群双方において原文の話しことばをそのまま使用した誤用の割合が高い。両群ともに原文の話しことばを他の話しことばに言い換えた誤用は少数にとどまり、誤った書きことばに言い換えた誤用は、見られなかった。最も割合が高かった「原文の話しことばをそのまま使用した誤用」の内訳を図5-5に示す。使用された原文表現は、中国人学習者群、韓国人学習者群ともに語彙に関するものに集中している。原文中の語の使用により、適切なパラフレーズに至っていないことがわかる。

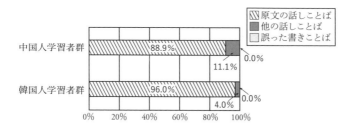

図5-4　一対一に対応するパラフレーズの誤用の類型とその割合

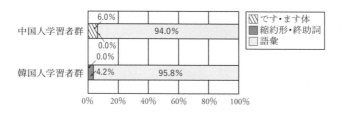

図5-5　原文の話しことばを使用した誤用の内訳とその割合

2.2.3　意味内容をまとめて表すパラフレーズの誤用

　意味内容をまとめて表すパラフレーズにおける誤用数は、中国人学習者群3例、韓国人学習者群9例であり、すべて語彙に関する誤用であった。誤用は、中国人学習者群では誤用3例すべてが話しことばを使用したものであった。韓国人学習者群においても誤用9例中8例が話しことばを使用したものであった。主な誤用例を以下に示す。

　誤用例5-1
　　日本の店の看板とかが外国語だけで書くことがよく見える。

　誤用例5-2
　　そのため、フランスみたいに、すべてのものに関して、日本語で表示するようなルールを設けた方がいいと思われる。

　誤用例5-1は、原文第2文から第4文の内容をまとめて述べた文である。「supervideo multimedia game」と書かれた看板と「beans」と書かれた看板をまとめて「日本の店の看板」と言い換えてはいるものの、話しことばの表現である「とか」が使われている。誤用例5-2は、原文第6文「これに関してはフランスで、フランス語で書かなければならない、とかいうルールがあったりします」と第9文の一部である「「日本語でも表示する」というルールを設ければどうかと思います」をあわせて一文にしたものであり、原文第6文の内容に対して「フランスみたいに」と話しことばの表現によって言い換えている。このように、原文の意味内容をまとめて述べるときにも、前述した一対一に対応するパラフレーズの場合と同様に、話しことばの語を使用したことによる誤用が顕著であった。

2.2.4　接続表現のパラフレーズ

　話しことばによる内容を文章にまとめる際に注意を要するのが接続表現のパラフレーズである。本章2.2.2で取り上げた一対一に対応するパラフレーズに関連して、以下に、日本語学習者の要約文を示し、接続表現のパラフレーズにおける問題について述べる。

要約文5-1

　　今日二つの店の看板を見て、英語で書いてあって、片仮名の表示がまったくない。だが、大半は日本人である。高齢者など日本語だけ読める人がいる。そのため、日本語でも表示するというルールを設ければどうかと思う。　　（要約文全文、下線部は該当箇所）

　要約文5-1の下線部は、原文第8文の一部である「でも、大半はやっぱり日本人で」に対応している。「でも」が「だが」に言い換えられているものの、その前後すなわち看板に書かれている文章が英語であることと、その看板を見る人が日本人であることの意味のつながりが十分に示されていない。

　さらに、要約文5-1の第1文「今日二つの店の看板を見て、英語で書いてあって、片仮名の表示がまったくない」は、原文第2文から第4文の内容を一文にまとめてはいるものの、それぞれの動詞を「〜て」の形で羅列的につなげている。動詞テ形でつなげるまとめ方は、次の要約文5-2でも観察される。話しことばの展開のまま要約されているため、書きことばとしての文と文のつながりが意識されていない。

要約文5-2

　　最近、日本の店の看板とかが外国語だけで書くことがよく見える。日本には、いろいろな国の人が住んでいるが、やっぱり日本人の数が多くて、その中、おじいさん、おばあさんなど、日本語しか読めない人もいる。だが、これはすごく残念だと思って、日本語も表示したほうがいいと思う。（要約文全文、下線部は該当箇所）

　このような要約文に共通することは、単に接続表現を別の接続表現に置き換えたり、原文の談話構造のまま文と文をつなげたりするような表層的な処理によるパラフレーズが用いられていることである。文章全体のまとまりやつながりに関わる調整までには及んでいないことが指摘される。

3 | フォローアップ・インタビュー分析

　語レベルでの誤用の大部分は、話しことばの語を使用したものであり、本来、言い換えるべき語を言い換えずに要約文に取り込んでいるところに問題が生じていた。書きことばに言い換えなければならない箇所で話しことばの語を使用してしまうのは、該当する書きことばの語を知らないからなのだろうか。あるいは、知っていても必要な場面で使用できていないからなのだろうか。以下では、要約文において話しことばの使用が顕著だった調査協力者4名に対して行ったフォローアップ・インタビューの結果に基づき、日本語学習者がどのような過程を経て、要約文に話しことばの語を使用するに至ったのかを考察する。

3.1　方法

　インタビューにあたっては、半構造化インタビューの方法をとった。まず、話しことばで書かれている内容を学術的な文章として書く場合の留意点について質問した。加えて、話しことばから書きことばへのパラフレーズができていなかった箇所を個別に示し、なぜその語を使用したのか、またレポート・論文などの学術的な文章でその語を使用できると思うかについてそれぞれ尋ねた。さらに、要約文に用いた語以外に他に話しことばと書きことばの区別に迷うことがあるかなどについても尋ねた。一人15～20分程度の長さで行った。インタビュー回答者の属性は、表5-1の通りである[5]。

　以下、回答の結果を、文体に対する意識、誤った理解に基づく話しことばの使用、語彙不足による話しことばでの代用、無意識的な話しことばの使用の順で述べる。

表5-1　インタビュー回答者の属性

回答者	母国語	日本滞在	日本語学習歴	学年
A	中国語	3年	3年	1年
B	中国語	6ヵ月	3年6ヵ月	3年
C	韓国語	6年6ヵ月	7年	3年
D	韓国語	6年5ヵ月	7年6ヵ月	3年

3.2　結果と考察

3.2.1　文体に対する意識

調査協力者全員が、レポート・論文などの学術的な文章を書く留意点として「話しことばと書きことばの区別」を挙げていた。このことから、文体の違いに応じたパラフレーズの重要性が意識されていることがわかる。

その一方で、「もっと」「すごく」「－みたく」「いろいろな」「－けど」「なので」「おじいさん」「おばあさん」が書きことばの語彙として認識されていた。中には、「実際にこれまでもレポートなどで使用している」といった発言も複数あり、誤った理解のまま常用されている状況が判明した。回答者からは、「話しことばと書きことば（の区別）がはっきりわからない」（回答者A）、「何が話しことばで何が書きことばか区別できない。書くときには、一応気をつけているが、どれが正しいかよくわからない」（回答者C）といった発言があった（括弧内は筆者。以下、同様）。これらの発言が示すように、両者の区別を試みてはいるものの、その判断が必ずしも容易ではないことが推察される。

以下では、このような文体の違いに応じた語の使用に関する判断がどのようになされたのかについて、インタビューで得られた発言とともに詳述する。

3.2.2　誤った理解に基づく話しことばの使用

いくつかの語において、学習者各自が誤った使い分け基準を形成していた。「すごく」「いろいろな」という語を書きことばとして認識していた回答者Dは、非公式の場で用いるかなりくだけた語「めっちゃ」に対比させ、「すごく」を書きことばとして位置づけていた。また、「いろい

ろな」を、よりくだけた表現「いろんな」と対応させて書きことばとして捉えていた。要約文に使用した語以外に話しことばと書きことばの区別に迷うことがないかを尋ねた問いに対して、「例えば「うまい」は会話（のことば）ですね。「おいしい」は書きことばじゃないですか」と答えているように、その区別がレポート・論文にふさわしい語と必ずしも対応していないことがわかる。これらの発言から、くだけた話しことばか否かを基準に判断し、それ以外の語を広く書きことばとして認識していることがわかる。

　他の回答者においても同様に、各自の誤った理解のもとに、話しことばと書きことばの判断基準を形成している様子が確認された。原文の「おじいちゃん、おばあちゃん」という表現に対して、「「おじいちゃん、おばあちゃん」は話しことば、「おじいさん、おばあさん」は書きことば」であると述べた回答者が複数いた。「―ちゃん」と「―さん」の違いをカジュアルな場面とフォーマルな場面といった対立で捉え、さらに「フォーマルな語彙＝書きことば」であるという誤った知識を適用していた。

　これらの事例が示すように、日本語学習者自身によって形成された誤った知識が話しことばの誤用の一部に結びついたと考えられる。

3.2.3　語彙不足による話しことばでの代用

　話しことばであるとわかっていても適切な語がわからずに原文の語をそのまま使用したものがあることが複数の回答者によって述べられた。適切な語がわからずに代用した語としては、「もっと」「いろいろな」「そういう」「おじいちゃん」「おばあちゃん」が挙げられた[6]。原文の表現「もっと」をそのまま要約文においても使用した回答者Cは、「もっと」について「話しことばであることをわかっていたが、他に適切な表現が見つからなくて使ってしまった。本当は使えないと思う。」と話し、書きことばの文脈で使用するには不適切な語として認識してはいるものの、該当する語がわからなかったために話しことばの語を使用したことを述べていた。他にも、「「いろいろな」は話しことばだと思ったが、代わりに何を使ったほうがいいのかがわからなかった」（回答者A）、「「そういう」は、他の書きことばで書いたほうがいい。でも、（代わりに）何を書いたらいいかわからなかった。だから、そのまま書いてしまった」（回答

者B）といった発言から、使用した語が話しことばであると認識できてはいるものの、同様の意味を示す書きことばの語がわからずに話しことばの語の使用に至ったと推察される。

3.2.4　無意識的な話しことばの使用

無意識に原文中の語を使用していたという発言が目立った。「（自分が書いた語は）今、考えると、駄目だと思う」（回答者A）、「書いている時には意識していなかったが、今、考えたら、ちょっと違うと思う」（回答者C）といった発言がなされ、個別に単語のみで考える場合には、話しことばの語として判断できている。

回答者Aは、フィードバックとして提示された書きことばの語に対して、「その語は知っているが、その時は思いつかなかった。同じ意味の語を知っていても使うときに思いつかない。他の人が使っているのを読んだり聞いたりすればわかるが、自分では使えない」と述べていた。他の回答者も、対応する書きことばの語を知らなかったわけではなく要約時には思い出せなかったと話している。つまり、このことは、パラフレーズに必要な語が全くの未知語ではなく、知っていても使えなかったということを示している。「「高齢者」という言葉は知っていたが、使わなかった。そこまでは（深く）考えていなかった。自分でもその言葉を知っていた。でも、結びつかなかった。要約ではなく自分で文章を書くとしたら、「高齢者」という言葉を使うと思う」（回答者D）といった発言のように、同じ意味を持つ書きことばの語が理解語彙として保持されてはいるものの、要約時には想起されないまま、原文中の語を使用したものと思われる。

3.3　本節のまとめ

以上の事例から、日本語学習者は話しことばと書きことばの区別に留意する一方、その判断が難しい状況にあることが確認された。フォローアップ・インタビューで得られた発言に基づき、不適切な話しことばの語を使用するに至った日本語学習者の語彙認識を、適切なパラフレーズ使用も含めてまとめると、図5-6のようになる。まず、（1）話しことばの文脈で使用される語として認識せずに要約文に話しことばの語を使用

している場合と、(2)個別には話しことばの文脈で使用する語と認識できてはいるものの、要約文に話しことばの語を使用している場合の二つに大別される。前者については、該当する語に関する語彙知識が不足し、個々の語に対する誤った理解が形成されていると思われる。後者については、対応する書きことばの語が未知語である場合と、対応する書きことばの語が既知語であっても実際の使用に結びついていない場合がある。さらに、同義の書きことばを知っている場合でも原文に示された話しことばを無意識に使用していることが把握された。つまり、レポート・論文などの文章にふさわしい語であるか否かを正しく判断できる段階までに達していない語がある他に、対応する書きことばの語がわからないといった語彙不足による話しことばでの代用、また個別に語を取り上げて考えれば話しことばの語であると認識できても無意識に使用してしまう語があることが明らかになり、このような文体に関わる語彙認識が誤用に影響したものと考えられる。

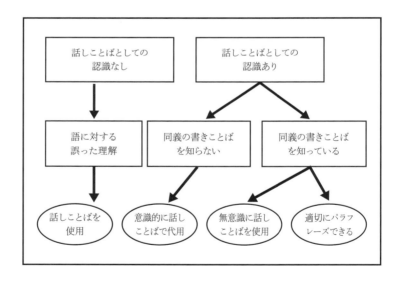

図5-6　不適切な語の使用に至った日本語学習者の語彙認識

4 本章のまとめと日本語教育への示唆

　本章では、話しことばから書きことばに書き換えた要約文に表れた日本語学習者のパラフレーズ（語レベル）を分析した結果から、全体を通して文体の違いに関する誤用がなかった要約文はごく少数にとどまり、全般的に話しことばの語を使用したことによる誤用が顕著であることが明らかになった。また、単に話しことばの接続表現を書きことばの接続表現に言い換えていることや、文の構成要素を話しことばの談話展開のままつなげていることが原因で意味のつながりを十分に示すまでには至っていない事例が複数確認された。さらに、パラフレーズの誤用のほとんどは話しことばの語彙であること、また文体の違いに対する認識はあるものの、そのような誤用に至る背景として、語に対する誤った理解、語彙不足による話しことばでの代用、無意識的な話しことばの使用があることがわかった。

　文体の違いにおける語の誤用に対しては、以下の教育方法が考えられる。第一に、誤った理解のもとに話しことばの語を使用しているケースに対しては、それぞれの語の文体的特徴を示し、正しい理解へと促すことが考えられる。第二に、同義の書きことばがわからないために意識的に話しことばで代用しているケースに対しては、語彙不足を補うために日本語学習用教材や日本語学習支援システムなどの学習リソースの提供が考えられる。これら第一、第二の双方に対しては、文体に関連する語彙を授業や教材でさらに広範に扱うことが望まれる。第三に、同義の書きことばが既知語であっても無意識に話しことばの語が使用されるケースに対しては、理解語彙から産出語彙への移行を促す場を設けることが考えられる。従来の日本語教科書が提示してきたような語レベルでの提示及び練習にとどまらず、文または文章の中で行うパラフレーズを中心とした問題演習の必要性が示唆される。

　次に、接続表現について述べる。要約において原文の接続表現のみを言い換えて文章化すると、そのままでは意味がつながらなくなることに言及している日本語教科書は、ほとんど見られない。本章の結果は、話しことばの接続詞と書きことばの接続詞の対応を提示するだけでは十分

ではなく、意味のつながりをふまえた上での全体的な調整を視野に入れた問題演習が必要であることを示唆するものである。文体の違いに対応したパラフレーズは、単にある語を別の語に言い換えるといったものではなく、文章・談話全体から捉えるべきものであり、このような視点で教材化を図ることが望ましいと思われる。

本章では詳しく取り上げなかったが、フォローアップ・インタビューにおいて一部の回答者から、日本人とのコミュニケーションでよく使うようになった語をレポートなどの文章に誤って使用してしまうことがあるといった発言があった。また、日本に来てから日本人とのコミュニケーションが増えるにしたがって、書きことばとの区別がつきにくくなり、文章に話しことばの語をよく使うようになったという発言もあった。このような日本語学習者が受ける様々なインプットを適切なアウトプットへと結びつけていくことについては、今後、別の枠組みで検討する必要があると思われる。

注 [1] 畠(1987)は、「不必要な部分が多いということと、必要な部分が欠落していることとは、発話全体を曖昧に」(p.23)するとし、双方を話しことばの冗長性としている。本書では、これらの側面を個々に検討することとし、前者については第6章で述べ、後者については第7章で述べる。
 [2] 本書では、畠(1987)を参考に、話しことばを特徴づける要素の一つとして、聴き手の理解を促すための配慮から繰り返し述べたり、実例を挙げたりしている箇所を対象とした。詳しくは、第6章で述べる。
 [3] 調査協力者34名中1名がこの基準に達しなかったため、この1名の要約文を分析対象から除外した。
 [4] 日本語教育経験がある日本語母語話者3名が、大学のレポート・論文の文体として適切に言い換えられていない表現を誤用として抽出し、分析対象とした。判断に相違がある場合には、協議の上、決定した。
 [5] 回答者Bは交換留学生である。
 [6] 回答者による違いによって3.2.1で挙げた語と重複している。

別表2

基準	原文中の表現	パラフレーズ例
原文中の二つ以上の語が表す内容を別の語を使用して一つの語に言い換えている表現	①おじいちゃん ②おばあちゃん	高齢者
原文中の一つの句が表す内容を別の語を使用して一つの語または句に言い換えている表現	いろいろな母語	外国語
原文中の二つ以上の句が表す内容を別の語を使用して一つの語または句に言い換えている表現	①レンタルビデオ店の看板 ②駅の中の商店街の看板	二つの店の看板
原文中の一つの節が表す内容を別の語を使用して一つの語または句に言い換えている表現	いろいろな母語を持っている（人たち）	いろいろな国（の人）
原文中の二つ以上の節が表す内容を別の語を使用して一つの語、句、節に言い換えている表現	①（略）「supervideo multimedia game」と書いてあるんですね。 ②（略）ただ「beans」と書いてありました。	英語だけで表示した看板
原文中の一つの文が表す内容を別の語を使用して一つの語、句、節に言い換えている表現	これに関してはフランスで、フランス語で書かなければならない、とかいうルールがあったりします。	フランスのように
原文中の二つ以上の文が表す内容を別の語を使用して一つの語、句、節、文に言い換えている表現	①今日、ここに来るときに家から駅まで歩いた道でも、レンタルビデオ店の看板に「supervideo multimedia game」と書いてあるんですね。 ②片仮名も何も書いてない。 ③駅の中の商店街の看板にも、枝豆の絵が書いてあって日本語の発音のビーンズという片仮名の表示もなく、ただ「beans」と書いてありました。	道を歩くと、英語だけの看板が多く見られる。

第6章 具体例からの抽象化〔研究IV〕

1 目的

　第5章では、語の誤用を中心に考察した。第一に、一対一に対応するパラフレーズ及び意味内容を表すパラフレーズの双方において話しことばの語を使用した誤用が顕著であること、第二に、話しことばの接続表現から書きことばの接続表現へのパラフレーズができていても話しことばの展開のまま文の構成要素を単純につなげるケースがあること、第三に、文体の違いに対する意識はあっても誤った理解に基づく話しことばの使用、語彙不足による話しことばでの代用、無意識的な話しことばの使用があることを指摘した。本章では、第5章で観察した、意味内容をまとめて表すパラフレーズのうち、特に具体的な実例を抽象化するパラフレーズを取り上げる。

　第2章に述べた通り、理解においては、具体的な内容をより抽象化、一般化するという認知過程があると考えられており（van Dijk & Kintsch 1983）、この認知過程が要約に反映されることがわかっている（Brown & Day 1983; 邑本1998）。本書における要約文においても、話しことばの冗長性を軽減するために、具体的な実例は前後の文脈にあわせて抽象化、一般化され、上位語[1]をはじめとする語彙の概念構造を反映したパラフレーズが使われることが予想される。言語習得研究の知見では、子どもによる語の連想には、同意語・反意語・上位語・下位語といった概念構造が表出しにくいのに対し（Meara 1982）、成人母語話者の語の連想には、階層的な語彙のネットワークが形成されていることが指摘されている（Millar 1970; Aitchison 1987）。また、最初に具体的な語彙を習得し、その後、

徐々に抽象的で概念的な語彙の習得へと進み（Rosch 1977; Cook 1982）、それぞれのプロトタイプ的な意味から周辺的な意味へ分化していくと考えられており（Clark 1973）、語彙のネットワークについては第二言語習得においても検証されている。谷口他（1994）は、初級レベル及び中級レベルの日本語学習者が自由連想法によって産出した語彙を分析した結果から、習得が進むにつれて概念的な意味を有する語彙のネットワークが形成され、上位概念を表すことができるようになっていくことを示している。

　本章では、上級レベルの日本語学習者が第二言語による要約においてこのような意味処理ができているのかどうか、そのパラフレーズの状況を捉えていく。上述した観点から、具体的な実例が述べられている文章に着目し、複数の文によって構成された内容がどのように再現されているのかに焦点を当てて、内容の述べ方（上位概念）、使用語彙（用言）、統語構造のそれぞれの面から分析する。第5章と同様に、話しことばによる内容を書きことばでまとめるといった課題状況での日本語学習者によるパラフレーズの特徴を明らかにすることを目的とし、日本語母語話者との比較を行う。

2 ｜ 方法

2.1　分析資料

　話しことばで書かれた内容を書きことばで要約した文章45編（日本語学習者33編、日本語母語話者12編）を分析資料とした。日本語学習者の要約文は、第5章2.1で述べたものと同一の33編であり、母語の内訳は、中国語19名、韓国語14名である。日本語母語話者の要約文12編は、日本語学習者と同様の手続きによって、日本語教育を専門とする大学生・大学院生12名が書いたものである。

　第5章の図5-1に示した文章の第2文から第4文の内容に言及している箇所を分析対象とした。第2文から第4文を図6-1に示す。この箇所では、英語で書かれた看板「supervideo multimedia game」及び「beans」の実例が挙げられているが、ここで話し手が伝えようとしていることは、「supervideo multimedia game」「beans」といった看板自体についてではな

く、看板が英字のみで書かれているという状況についてである。これら二つの実例が要約文でどのように述べられているのかを、(1) 内容の述べ方（上位概念）、(2) 使用語彙（用言）及び統語構造のそれぞれから分析した。以下、その分析方法について順に述べる。

> 今日、ここに来るときに家から駅まで歩いた道でも、レンタルビデオ店の看板に「supervideo multimedia game」と書いてあるんですね。片仮名も何も書いてない。駅の中の商店街の看板にも、枝豆の絵が書いてあって日本語の発音のビーンズという片仮名の表示もなく、ただ「beans」と書いてありました。

図6-1　原文第2文から第4文

2.2　分析方法
2.2.1　内容の述べ方（上位概念）

英語で書かれた看板「supervideo multimedia game」及び「beans」に言及している原文箇所の述べ方を以下の三つに分類し、中国人学習者群、韓国人学習者群、日本語母語話者群それぞれの傾向を比較した。上位概念を示す別の語句で言い換えているもの（例. 看板を英語だけで表示する）を「a型」、原文の表現を言い換えずにほぼそのままの表現によって述べているものを「b型」（例. ビデオ店や商店街に「supervideo multimedia game」や「beans」と書いてある）、それ以外のものを「その他」とした。産出されたパラフレーズが原文と意味が異なる場合には分析資料から除外する方針をとったが、実際にそのような事例はなかった。

2.2.2　使用語彙（用言）及び統語構造

上記2.2.1の分析は、主として名詞表現が中心となることから、用言にも着目し、どのような語を用いて意味内容を再現しているかを分析した。原文の該当箇所は、図6-2に下線で示した通り、「書く」という語が頻出している。このような繰り返しに対するパラフレーズを分析することとした。

> 　今日、ここに来るときに家から駅まで歩いた道でも、レンタルビデオ店の看板に「supervideo multimedia game」と<u>書いてある</u>んですね。片仮名も何も<u>書いてない</u>。駅の中の商店街の看板にも、枝豆の絵が<u>書いてあって</u>日本語の発音のビーンズという片仮名の表示もなく、ただ「beans」と<u>書いてありました</u>。

図6-2　原文における頻出語「書く」

　分析の手順は次の通りである。まず、中国人学習者群、韓国人学習者群、日本語母語話者群それぞれの要約文で使用された用言をすべて抽出した。中国人学習者群で使用された用言の異なり語数は38語、延べ語数は9語であった。韓国人学習者群で使用された用言の異なり語数は27語、延べ語数は13語であった。日本語母語話者群で使用された用言の異なり語数は26語、延べ語数は16語であった。次に、これらの語彙における意味の類似性を同一語、類義語、反義語の点から判断し、表6-1の通り、6つに分類した。類義語や反義語は、上位語、下位語とともに単語間の概念構造を示すものでもあり、このような意味の関連性は、パラフレーズにおける語の選択にも関係すると考えられる。中国人学習者群、韓国人学習者群、日本語母語話者群によって産出された全用言を分類し、各類の割合を比較した。

　さらに、渡邉（1989）を参考に、使用割合が最も高かった《書く》類の語彙が使用されている節を以下に示すレベル1、レベル2、レベル3に分類し、パラフレーズにおける統語的な複雑さを比較した。原文と同じく単一の節として構成されているものをレベル1（例．今日二つの看板を見て、<u>英語で書いてあって</u>、片仮名の表示がまったくない）、《書く》類の語彙が他の節に埋め込まれているものをレベル2（例．<u>英語で書いてある看板が目立つ</u>）、さらにレベル2の節構造が他の節に埋め込まれているものをレベル3（例．<u>英語で書いてある看板が目立つ日本</u>では、外来語の使用について再考すべきである）とした。

表6-1　使用語彙（用言）の意味分類

分類	使用語彙
《書く》類	書く、表示する、表記する
《見る》類	見る、見える、見かける、目にする、目につく、目にかかる、発見する、目立つ
《ある》類	ある、存在する、ない
《多い》類	多い、増加する、あふれる
《使う》類	使う、使用する
その他	歩く、理解する、珍しい、（ふりがなを）ふる　など

3　結果と考察

3.1　内容の述べ方（上位概念）

　内容の述べ方について本章2.2.1で述べた方法でa型、b型、その他に分類し、中国人学習者群、韓国人学習者群、日本語母語話者群それぞれの要約文の各総数に占める割合を比較した結果を図6-3に示す。結果は、原文の表現を言い換えずにほぼそのままの表現によって示したb型が中国人学習者群の一部に見られたものの、中国人学習者群、韓国人学習者群双方においてa型が全体の8割前後を占め、原文中の英語で書かれた看板の二つの例は上位概念を示す語句によって言い換えられていた。「その他」の内訳はすべて、該当箇所への言及がなかったものである。該当箇所に言及したものの中にa型及びb型以外の述べ方はなかった。藤村（1998）による要約文の分析では、具体例が示されている展開部を、中級レベル（旧日本語能力試験2級レベル）の日本語学習者の過半数が「単独文」でまとめているという結果が示されていたが、上級レベルを対象とした本章の分析では、具体例を「単独文」でまとめている要約文は、なかった。

　以下では、それぞれに用いられた個々の表現についてa型、b型の順で述べていく。

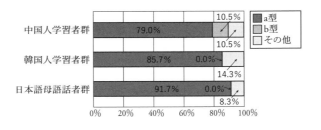

図6-3　内容の述べ方の類型とその割合

　a型では、原文中の「supervideo multimedia game」すなわち「レンタルビデオ店の看板」と、「beans」すなわち「駅の中の商店街の看板」を合わせて、「店の看板」「街の中の看板」などの表現で一つの表現に抽象化され言い換えられていた。同様に、原文中の「「supervideo multimedia game」と書いてあるんですね」と「ただ「beans」と書いてありました」を合わせて、「英語だけで書いてある」「外国語だけで書いてある」のような表現に言い換えられていた。使用された表現に日本語学習者と日本語母語話者に大きな差異は、見られなかった。

　これに対してb型では、「supervideo multimedia game」「beans」といった原文表現がそのまま使用されていた。以下に例を示す。

要約文6-1
　　今後、外来語の使用を考えるべきことだと思う。片仮名も何も書いてなく、「beans」と書いてあった看板を見、極めて残念だと思う。それに対し、フランスでは、フランス語で書かなければならないルールがある。日本に住んでいる日本語しか読めない人もいるために、日本語でも表示すべきだ。

（要約文全文、下線部は該当箇所）

　上に示した要約文の下線部は、原文第3文「片仮名も何も書いてない」と第4文「駅の中の商店街の看板にも、枝豆の絵が書いてあって日本語の発音のビーンズという片仮名の表示もなく、ただ「beans」と書いてあ

りました」を統合したものである。連体修飾節によって言い換えられてはいるものの、看板に書かれている店名「beans」をそのまま書いており、やや唐突さが感じられる。上述したa型では、「店」「街の中」「英語だけで」「外国語だけで」などのごく基本的な語によって言い換えられており、このことをふまえて考えると、b型においてパラフレーズのための語が未知語であったとは考えにくい。第5章2.2.4の要約文5-2で指摘した、原文の構成要素をつなぎ合わせたような表層的なパラフレーズの様相がここにも見られる。

3.2 使用語彙（用言）及び統語構造

中国人学習者群、韓国人学習者群、日本語母語話者群のそれぞれにおける使用語彙（用言）の割合を比較した結果、中国人学習者群及び韓国人学習者群の傾向と日本語母語話者群の傾向に相違が見られた。

中国人学習者群の使用語彙（用言）の割合を図6-4に、韓国人学習者群の使用語彙（用言）の割合を図6-5に、日本語母語話者群の使用語彙（用言）の割合を図6-6にそれぞれ示す。中国人学習者群、韓国人学習者群においては、ともに《書く》類の使用割合が最も高い。動詞「書く」は、分析対象とした原文全3文に出現する語彙である（「書いてあるんですね」「書いてない」「書いてあって」「書いてありました」）。中国人学習者群及び韓国人学習者群では、日本語母語話者群に比べて原文の頻出語及び類義語の使用が顕著であることが特徴である。さらに、《書く》類の使用総数に原文の頻出語「書く」の使用数が占める割合を比較した結果を図6-7に示す。中国人学習者群、韓国人学習者群ともに原文の頻出語「書く」の使用割合が日本語母語話者群に比べて高いことがわかる。

これに対して、日本語母語話者群の使用語彙を示した図6-6を見ると、《書く》類の他、《ある》類の使用割合の高さが目立つ。日本語母語話者群において《ある》類の割合が高いのは、二つの看板の実例を、例えば「街中の看板には、(略)アルファベットで表示しているものも<u>ある</u>」、「英語表記しかされていない看板が数多く<u>存在する</u>」（下線部は、《ある》類の語彙）のように、原文中に明示的に書かれていない意味をパラフレーズに反映させていることによる。つまり、日本語母語話者群では、原文中にない新たな表現によるパラフレーズがなされているのに対し、中国人学

習者群、韓国人学習者群では、一部に同様のパラフレーズが見られるものの、原文の頻出語「書く」及びその類義語が多用されていることが指摘される。ここで着目すべき点は、日本語母語話者群によるこのようなパラフレーズが一連の文章から読み取った意味を反映させたものであり、より広い範囲から包括的に言い換えられていることである。この点に日本語母語話者と日本語学習者の述べ方の違い、言い換えれば、意味内容の抽象化にあたっての表現上の差異が認められる。日本語母語話者の語の使用には、文章内に言語化されていない意味がパラフレーズによって実現されている。このような差異が現れたのは、日本語学習者の注意が語や文の狭い範囲に集中したことが考えられる他、文章中に出現する語と語の関連づけ、命題間の関係づけが十分になされなかったからではないかと推察される。

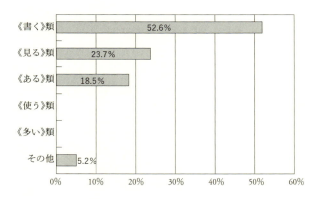

図6-4　使用語彙〔用言〕：中国人学習者群

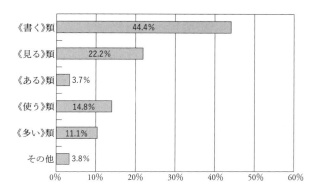

図6-5 使用語彙〔用言〕：韓国人学習者群

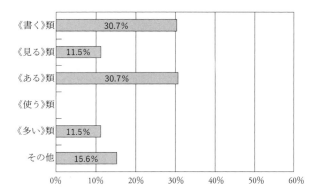

図6-6 使用語彙〔用言〕：日本語母語話者群

第6章 具体例からの抽象化〔研究Ⅳ〕

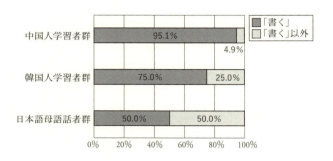

図6-7 《書く》類の使用総数に対して「書く」の使用数が占める割合

　さらに、中国人学習者群、韓国人学習者群両群で最も使用割合が高かった《書く》類の語彙を用いた表現を個々に見てみると、統語構造にも相違があった。《書く》類が使用された節における統語構造を比較した結果を図6-8に示す。各群を比較すると、韓国人学習者群、日本語母語話者群ともにレベル1すなわち原文と同じく単一の節構造である割合が低く、レベル2の割合が高いのに対し、中国人学習者群においてはレベル1の割合が半数に及び、レベル2、レベル3のような連体修飾節がパラフレーズに反映されていないことがわかる。つまり、中国人学習者群において、統語構造の変化が相対的に少なく、原文中の表現を節レベルで単純につなぎ合わせていることが示唆される。この傾向は、中国人学習者の要約文では文章の難易度にかかわらず原文からの長い抜き出しが多く原文中の表現に依拠する傾向がより強く表れた第3章の結果とも一致する。一方、韓国人学習者群は、日本語母語話者群と同じような傾向を示している。その要因としては、日本語と韓国語の語順がほぼ同じであり、その点で統語的な処理の負荷が低かったことが考えられる。

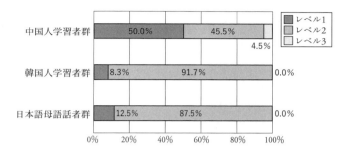

図6-8 《書く》類が使用された節の統語構造

　以上の使用語彙の傾向と《書く》類が使用された節における統語構造の結果をあわせて考えると、日本語学習者のパラフレーズの処理が浅いことが考えられる。今回の分析資料からだけでは断定できないが、第2章で述べた状況モデルを想定するならば、そのような読みに至っていないか、あるいはそのような読みがパラフレーズに反映されなかった可能性が示唆される。いずれの場合であっても、日本語教育の観点からパラフレーズに焦点を当てて考えると、もとの文章中にない表現で言い換えることができていないことが第二言語によるパラフレーズの困難点として指摘される。

4 ｜ 本章のまとめと日本語教育への示唆

　以上、内容の述べ方（上位概念）、使用語彙（用言）、統語構造のそれぞれの点から検証した。その結果、第一に、原文によって示された具体的な実例は、上位概念を示す語句へのパラフレーズにより概ね抽象化される一方で、一部ではあるが、ほぼ原文のままの表現で取り込んでいる事例が確認された。このような段階の日本語学習者に対しては、パラフレーズをより広い範囲から捉えることを意識させるような教示が必要であると思われる。図6-9に上位概念のパラフレーズに関する基本的な問題演習の例を示す[2]。図6-9の問題文は、第2章1.3で示したvan Dijk &

Kintsch（1983）による一般化を参考にして作成したものである。複数の語を関連づけて一語で言い換える問題となっている。各問題文では、個々の下位語が一文内に並列しているが、実際のレポート・論文作成時に参照する文章では、個々の内容が述べられている箇所が段落レベル、文章レベルといった広い範囲に及ぶものが少なくない。このような基本的な問題演習から段階的に進めていき、個々の内容が段落を超えた広い範囲にも及ぶ文章を用いた問題演習へとつなげていく。

　第二に、要約文に使用された用言を比較すると、中国人学習者、韓国人学習者双方において日本語母語話者よりも原文の頻出語及びその類義語が多用されており、この点が日本語母語話者とは異なっていた。第二言語での要約過程では、情報の抽出から文章化に至る段階において、意味内容を読み取って表すパラフレーズが日本語母語話者ほどには行われにくかったことから、語や文といった個々の言語表現を捉えるだけではなく、複数の文また文章全体から意味を形成するパラフレーズを取り上げた学習が必要であると思われる。本章での課題状況で頻出語「書く」をキーワードのような重要表現として認識して要約文に取り込んでいたとすれば、頻出語が必ずしもその文章のキーワードとなるわけではないこと、また文章の理解において重視する語と要約において取り上げる語が必ずしも同じではないことに留意させたい。

　第三に、統語構造の面で中国人学習者と韓国人学習者に違いが見られた。第3章の結果とあわせて考えると、中国人学習者は原文中の表現に依拠する傾向が強く、原文表現を抽出してつなぎ合わせるといった表層的なパラフレーズが目立つ。この点をふまえて、例えば構文的操作が伴う問題演習が考えられるが、単に連体修飾節を用いて複数の文を一文にすることのみに重点を置くのではなく、長さのある文章を提示し、そこから読み取った意味内容を包括的に再現する形態の問題演習も必要であることが示唆される。

【問題】文の意味を読み取って下線部を一語で言い換えなさい。
例．趣味は、野球、サッカー、水泳、テニスなどである。
 → 趣味は、（　スポーツ　）である。

1. ピアノ、ギター、フルート、バイオリン、オーボエなどの演奏を楽しむ。
 → （　　　　　　）の演奏を楽しむ。

2. 公民館、図書館、体育館などの充実を図る予算を増額する。
 → （　　　　　　）の充実を図る予算を増額する。

3. 市の観光案内パンフレットを英語、スペイン語、オランダ語、フランス語、イタリア語、中国語で作成する。
 → 市の観光案内パンフレットを（　　　　　　）で作成する。

4. 図1のグラフは、アジア5カ国の女性労働者が係長や課長、部長などの役職になった年齢を示している。
 → 図1のグラフは、アジア5カ国の女性労働者が（　　　　　　）になった年齢を示している。

5. 今回の調査では、休日の過ごし方としてテレビ視聴、インターネット、DVD鑑賞、読書などが多く挙げられ、行楽や旅行、ドライブなどは少なかった。
 → 今回の調査では、休日の過ごし方として主に（　　　　　　）の活動が多く挙げられ、屋外の活動は少なかった。

〈略〉

図6-9　問題例（上位概念）

注 [1] 本章において「上位語」とは、シソーラス上の厳密な意味に限定するものではなく、複数の意味内容の属性を上位概念によって示す語を意味する。
　　[2] 解答例は、次の通りである。
　　　　【問題】1. 楽器　　2. 公共施設　　3. 多言語　　4. 管理職　　5. 屋内

第7章 非明示的意味〔研究Ⅴ〕

1 目的

　第6章では、内容の述べ方、使用語彙、統語構造を中心に考察した。本章では、原文中の非明示的意味に焦点を当てて、日本語学習者と日本語母語話者の要約文におけるパラフレーズの異同を明らかにすることを目的とする。

　要約では、全体的なまとまりを構成するために、原文の字句通りの意味のみならず、直接的に書かれていない意味も表現される。書き手の意見や見解だけを抽出して羅列するのではなく、文章の論理展開をふまえ、全体的なまとまりを再構成することになる。文レベル以上の意味的なまとまりは、文法的なつながりを示す結束性（cohesion: Halliday & Hasan 1976）と、推論に基づく意味的なつながりを示す一貫性（coherence: Widdowson 1978）によって形成される（庵2007）。結束性が、接続詞や指示詞など、文の解釈が先行または後続する文及び語彙に依存するのに対して（Halliday & Hasan 1976）、一貫性は、書き手や読み手が持つ既有知識に基づく推論が前提となる。

　文章は、文章内の連接関係によって実現され（Hobbs 1979; Mann & Thompson 1986）、解説、根拠、主張などといった各文の機能の関係づけによって展開される。各文の機能は、大きくは意見を述べる文と事実を述べる文に大別される（メイナード2004）。メイナードは、「書き手の意見を発表する文」（p.78）をコメント文、それ以外の文を非コメント文と定義した上で、コメント文が次のような文末形式をとるとしている。（1）名詞述語文（のだ、ことだ等）、（2）書き手自身の言語行動に触れる表現（と

言える、と言いたい等)、(3) 書き手自身の感情、思考などに触れる表現(思う、感じがする、てほしい等)、(4) 推量の助動詞(だろう、らしい等)、(5) 書き手自身の態度を示す文末表現(ではないだろうか、べきだ、必要だ等)、(6) 書き手の評価表現(好ましい、愚策だ等)である(p.78)。この区別は、文末表現などによって明示的に示されるものもあるが、より詳しくは読み取った意味からも判断される。これに対して木戸(1989)は、文の機能を報告、解説、根拠、理由、評価、主張の6種に分類している。

本章では、文の機能の抽出の仕方と、非明示的意味を表すパラフレーズすなわち原文で「文字通りに「言われた」こと以上の意味」(Verschueren 1999, 東森監訳 2010: 30) の双方に注目し、日本語学習者の要約文と日本語母語話者の要約文を分析する。第5章及び第6章と同様に、話しことばによる内容を書きことばでまとめるといった言語場面での日本語学習者のパラフレーズの特徴を明らかにするために、日本語母語話者との比較を行う。

2 方法

2.1 分析資料

第6章〔研究Ⅳ〕と同じ要約文45編(中国人学習者19編、韓国人学習者14編、日本語母語話者12編)を分析資料とした。

2.2 分析方法

原文における各文の機能がどのように要約文に残存しているかを次の二つの観点から調べることにした。一つは、メイナードを参照し、コメント文と非コメント文の2種による比較である。もう一つは、木戸を参照し、報告、解説、根拠、理由、評価、主張の6種による比較である。以下、分析方法について順に述べる。

まず、メイナードの分類に基づき、コメント文及び非コメント文といった文の機能の再現のされ方に相違があるのかどうかを調べた。原文全9文は、コメント文4文、非コメント文5文から構成され、第1文、第5文、第7文、第9文がコメント文に相当する。分析資料である要約文各文が原文のコメント文と非コメント文のどちらにあたるかを判定した上

で、各群における産出文総数に占めるコメント文と非コメント文の割合を比較した。

次に、日本語学習者と日本語母語話者の間で、非明示的意味を表すパラフレーズの産出傾向が異なるのかどうかを以下の方法で比較した。本書において非明示的意味を表すパラフレーズとは、第2章2.3に述べた通り、「原文中の非明示的意味を要約文において原文の言語形式以外で表現している内容語」を指す。まず、意見文と事実文それぞれに分けて、非明示的意味を表すパラフレーズ数が各群の内容語総数に占める割合を比較した。非明示的意味を表すパラフレーズには、例えば原文第8文の「その中には、おじいちゃん、おばあちゃんなど、日本語しか読めない人もいます」を「日本語しか読めない人には不親切である」と言い換えている文における「不親切(な)」が該当する。

さらに、原文各文と要約文各文との対応を調べ、要約文に反映された原文各文が各群における要約文総数に占める割合を比較した。考察にあたっては、文の機能をメイナードよりも細分類している木戸による類型(表7-1)に基づき、原文各文の機能(表7-2)を参照した。以下では、用語を次のように統一する。メイナードによる「コメント文」、また木戸による「意見を述べる機能を持つ文」(「理由」「評価」「主張」の文)を「意見文」と呼ぶこととする。メイナードによる「非コメント文」、また木戸による「事実を述べる機能を持つ文」(「報告」「解説」「根拠」の文)を「事実文」と呼ぶこととする。

表7-1 木戸(1989: 112–113)による文の機能

事実を述べる機能	報告	事実を、なるべく主観を交えずに提示する機能
	解説	事実を、主観を交えて提示する機能(文章中では、事実を詳述し、またはある事実を一般化して述べる)
	根拠	判断のよりどころとなった事実を提示する機能
意見を述べる機能	理由	判断のよりどころとなった意見を提示する機能
	評価	ある事柄についてある判断を下す機能(文章中では、ある事実に対する見解や感想を述べる)
	主張	読み手に対して意見を提示する機能

表7-2　原文各文の機能

	原　文	機能
第1文	これからもっと考えるべきなのは、外来語はどうするかということです。	主張
第2文	今日、ここに来るときに家から駅まで歩いた道でも、レンタルビデオ店の看板に「supervideo multimedia game」と書いてあるんですね。	報告
第3文	片仮名も何も書いてない。	解説
第4文	駅の中の商店街の看板にも、枝豆の絵が書いてあって日本語の発音のビーンズという片仮名の表示もなく、ただ「beans」と書いてありました。	報告
第5文	これはすごく残念でならないことですね。	評価
第6文	これに関してはフランスで、フランス語で書かなければならない、とかいうルールがあったりします。	報告
第7文	これは決して非国際化でも何でもない。	評価
第8文	日本の中には、確かに、いろいろな母語を持っている人たちが住んでいるんですけれども、でも大半はやっぱり日本人で、その中には、おじいちゃん、おばあちゃんなど、日本語しか読めない人もいます。	報告
第9文	そういう面では、すべてのものに関して、「日本語でも表示する」というルールを設ければどうかと思います。	主張

3　結果と考察

3.1　文の機能

　中国人学習者群、韓国人学習者群、日本語母語話者群それぞれにおける意見文と事実文の割合を表7-3に示す。表7-3によると、三群ともに意見文の割合がやや多いものの、有意な差は認められなかった（$\chi^2(2) = 0.218$, n.s.）。

表7-3　意見文と事実文の割合

	中国人学習者群	韓国人学習者群	日本語母語話者群
意見文	40（54.1%）	25（58.1%）	21（53.8%）
事実文	34（45.9%）	18（41.9%）	18（46.2%）

n.s.

3.2 非明示的意味を表すパラフレーズ

各群の内容語総数と非明示的意味を表すパラフレーズ数を、意見文に関しては表7-4-1、事実文に関しては表7-4-2に示す。また、非明示的意味を表すパラフレーズ数が各群の内容語総数に占める割合を、意見文に関しては図7-1-1、事実文に関しては図7-1-2に示す。結果は、次の通りである。まず意見文においては、図7-1-1の通り、日本語母語話者群は約2割に上るのに対して、中国人学習者群、韓国人学習者群ではごくわずかであった。事実文においては、図7-1-2の通り、韓国人学習者群でやや高い割合を示してはいるものの、意見文ほど目立った差は見られなかった。これらの結果から、意見文の再現の仕方に日本語母語話者との差異が表出していることがわかる。図7-1-1によると、中国人学習者群、韓国人学習者群では、非明示的意味を表すパラフレーズを使用した割合が日本語母語話者群に比べて極めて低い。つまり、日本語学習者の要約文では、日本語母語話者ほど非明示的意味が再現されておらず、第6章の結果と同じく原文中の表現を中心にまとめている傾向が示唆される。

表7-4-1 内容語総数と非明示的意味を表すパラフレーズ数（意見文）

	中国人学習者群	韓国人学習者群	日本語母語話者群
内容語総数	236	186	164
非明示的意味を表すパラフレーズ数	9	11	32

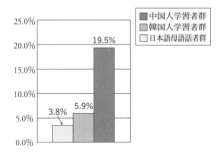

図7-1-1 非明示的意味を表すパラフレーズの割合（意見文）

表7-4-2　内容語総数と非明示的意味を表すパラフレーズ数（事実文）

	中国人学習者群	韓国人学習者群	日本語母語話者群
内容語総数	227	125	133
非明示的意味を表すパラフレーズ数	18	17	11

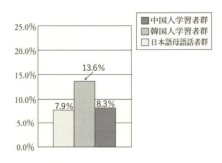

図7-1-2　非明示的意味を表すパラフレーズの割合（事実文）

3.3　原文第5文及び第7文に対するパラフレーズ

次に、原文と要約文における各文の対応を調べた。図7-2は、要約文に反映された原文各文が各群における要約文総数に占める割合を中国人学習者群、韓国人学習者群、日本語母語話者群の間で比較したものである。各群ともに全般的に類似した傾向にある一方で、原文第5文と第7文に関しては、三者に顕著な相違が表出している。原文中の第5文「これはすごく残念でならないことですね」と第7文「これは決して非国際化でも何でもない」は、ともに英語で書かれた看板に対する話し手の「評価」を表した文である。図7-2の通り、日本語母語話者群の要約文では原文第5文及び第7文の内容にほとんど触れられていないのに対し、中国人学習者群の要約文においては第5文及び第7文への言及が見られる。韓国人学習者群の要約文においては第5文への言及が見られる。三群ともに、同じく意見文である第1文及び第9文の内容を要約文に取り込んでいるが、日本語母語話者群は「主張」の機能を持つ第1文及び第9文を優先し、「評価」の機能を持つ第5文及び第7文の意味内容を述べ

ている要約文の割合は極めて低くなっていることがわかる。ここに両者の要約文の差異が指摘される。本研究の枠組みでは中国人学習者群及び韓国人学習者群がどのように読み取って原文第5文及び第7文を残したかは推測の域を出ないが、原文中の話し手の意見を示す箇所として第5文（中国人学習者群及び韓国人学習者群）及び第7文（中国人学習者群）が要約時に意識されたからではないかと推察される。

さらに詳しく見るために、上述した第5文について以下に述べる。表7-5に、原文第5文に対する要約文中の個々の表現を群別に示す[1]。表7-5によると、韓国人学習者群に一部「あってはいけないことである」といった表現が見られるものの、中国人学習者群、韓国人学習者群ともに原文表現「残念（な）」を基底とする表現が使用されている。これに対して、日本語母語話者群では、第5文への言及は1例のみであり、この1例においても原文とは異なる表現（「配慮に欠けていると言える」）で示されている。

以下に、原文第5文に言及している日本語学習者Aの要約文及び日本語母語話者Bの要約文を示し、それぞれの述べ方の相違について考察する。まず、日本語学習者Aの要約文を示す。下線部が原文第5文の意味内容を示している箇所である。二重下線部が原文第7文の意味内容を示している箇所である。

日本語学習者Aの要約文

　　外来語はどうするかを考えて欲しい。今、道を歩くと、英語だけの看板が多く見られる。これは残念なことである。これに対して、フランスはフランス語で書くというルールがある。これは決して非国際化でも何でもない。したがって、日本も日本語でも表示するというルールを設けて欲しい。

（要約文全文、下線部及び二重下線部は該当箇所）

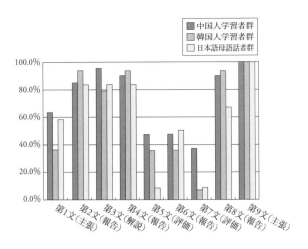

図7-2　要約文に述べられた原文各文の割合

表7-5　原文第5文に対して使用された表現

原文　第5文	中国人学習者群	韓国人学習者群	日本語母語話者群
（これはすごく）残念でならないことですね	・（略）残念でならないことである ・（略）非常に残念である ・（略）残念なことが多くある ・（略）残念だと思って（略）	・（略）残念なことである ・（略）残念だ ・あってはいけないことである	・（略）配慮に欠けていると言える

　日本語学習者Aの要約文では、日本語母語話者群でほとんど言及されなかった原文第5文の意味内容が、ほぼ原文に近い表現（下線部）で表され、また第7文が原文のままの表現（二重下線部）で述べられている。なぜ残念なのか、その根拠または理由が必要となるが、原文には、木戸による6分類中の「根拠」及び「理由」の機能を有する文が含まれておらず、要約文でも触れられていない。

　日本語学習者Aの要約文と原文との対応を表7-6-1に示し、両者の対応を見てみると、原文第2文から第4文までが要約文では一文に統合されてはいるものの、それ以外は、原文と要約文が文レベルで対応してお

り、原文に述べられた順に要約文も展開していることがわかる。また、個々の命題が統合されずに一つ一つの命題を残す形で構成されている。第2章5で述べた文章理解における多層的な読みを考慮すれば、文章全体の表象までに至らず、文レベルの表象にとどまっていることが示唆される。

一方、日本語母語話者Bの要約文は、次のように表されている。以下に、日本語母語話者Bの要約文を示し、説明する。下線部が原文第5文の意味内容を表している箇所である。

日本語母語話者Bの要約文
　　日本の町中には英語表記のみで片仮名も何も書いていない看板がある。これは日本に住む大半の人が日本人で、中には日本語しか読めない人もいることを考えると<u>配慮に欠けていると言える</u>。フランスではフランス語で書くというルールがあるが、日本も外来語について考えていくべきだ。

（要約文全文、下線部は該当箇所）

日本語母語話者Bの要約文では、原文第5文「これはすごく残念でならないことですね」といった表現が「配慮に欠けていると言える」（下線部）と言い換えられる。さらに、原文第8文を要約文では「中には日本語しか読めない人もいること<u>を考えると</u>」（下線は筆者）と理由として言い換えることによって、書きことばとしての展開を考慮した文章になっている。また、この「配慮に欠ける」といった表現は、原文中の表現である「残念である」を語彙的に言い換えたものではなく、原文中の意味内容をふまえて言い換えたものである。日本語母語話者群における他の要約文を見ると、このような非明示的意味を表すパラフレーズが第5文以外への言及にも広く使われている。

さらに、日本語母語話者Bの要約文と原文との対応を表7-6-2に示し、両者の対応を見てみると、原文とは異なる順で要約文が展開していることがわかる。このような文章展開が日本語学習者Aの要約文でなされなかったのは、読み取った意味を要約文に再現できる段階までには習熟していなかったか、「要約文では意見文を残す」といった読み取りにとどま

っていたからではないかと推察される。第2章3で言及した八若（2001）は、韓国人日本語中級学習者のライティングを対象に読解材料からの情報使用を調査した結果から、読解能力下位群が上位群に比べてパラフレーズが少ない理由として、Kintsch（1994）に基づき、文章理解の深さを挙げている。さらに検証を重ねる必要があるが、本研究においても、日本語学習者が表層的な読みにとどまり、日本語母語話者のような深いレベルでの処理には至らなかった可能性とともに、このようなパラフレーズに習熟していないことが示唆される。

表7-6-1　日本語学習者Aの要約文と原文との対応

原文		要約文	
第1文	これからもっと考えるべきなのは、外来語はどうするかということです。	第1文	外来語はどうするかを考えて欲しい。
第2文	今日、ここに来るときに家から駅まで歩いた道でも、レンタルビデオ店の看板に「supervideo multimedia game」と書いてあるんですね。	第2文	今、道を歩くと、英語だけの看板が多く見られる。
第3文	片仮名も何も書いてない。		
第4文	駅の中の商店街の看板にも、枝豆の絵が書いてあって日本語の発音のビーンズという片仮名の表示もなく、ただ「beans」と書いてありました。		
第5文	これはすごく残念でならないことですね。	第3文	これは残念なことである。
第6文	これに関してはフランスで、フランス語で書かなければならない、とかいうルールがあったりします。	第4文	これに対して、フランスはフランス語で書くというルールがある。
第7文	これは決して非国際化でも何でもない。	第5文	これは決して非国際化でも何でもない。
第8文	日本の中には、確かに、いろいろな母語を持っている人たちが住んでいるんですけれども、でも大半はやっぱり日本人で、その中には、おじいちゃん、おばあちゃんなど、日本語しか読めない人もいます。		―
第9文	そういう面では、すべてのものに関して、「日本語でも表示する」というルールを設ければどうかと思います。	第6文	したがって、日本も日本語でも表示するというルールを設けて欲しい。

表7-6-2 日本語母語話者Bの要約文と原文との対応

原文		要約文	
第1文	これからもっと考えるべきなのは、外来語はどうするかということです。	第3文②	（フランスではフランス語で書くというルールがあるが、）日本も外来語について考えていくべきだ。
第2文	今日、ここに来るときに家から駅まで歩いた道でも、レンタルビデオ店の看板に「supervideo multimedia game」と書いてあるんですね。	第1文	日本の町中には英語表記のみで片仮名も何も書いていない看板がある。
第3文	片仮名も何も書いてない。		
第4文	駅の中の商店街の看板にも、枝豆の絵が書いてあって日本語の発音のビーンズという片仮名の表示もなく、ただ「beans」と書いてありました。		
第5文	これはすごく残念でならないことですね。	第2文②	これは（日本に住む大半の人が日本人で、中には日本語しか読めない人もいる）ことを考えると配慮に欠けていると言える。
第6文	これに関してはフランスで、フランス語で書かなければならない、とかいうルールがあったりします。	第3文①	フランスではフランス語で書くというルールがあるが、（日本も外来語について考えていくべきだ。）
第7文	これは決して非国際化でも何でもない。		―
第8文	日本の中には、確かに、いろいろな母語を持っている人たちが住んでいるんですけれども、でも大半はやっぱり日本人で、その中には、おじいちゃん、おばあちゃんなど、日本語しか読めない人もいます。	第2文①	（これは）日本に住む大半の人が日本人で、中には日本語しか読めない人もいる（ことを考えると配慮に欠けていると言える。）
第9文	そういう面では、すべてのものに関して、「日本語でも表示する」というルールを設ければどうかと思います。		―

4 本章のまとめと日本語教育への示唆

　本章では、文の機能の抽出の仕方と非明示的意味に焦点を当てて考察した。その結果、原文中の意見文の取り込み方が日本語学習者の要約文と日本語母語話者の要約文の間で異なることが確認された。
　第6章の使用語彙の傾向とあわせて考えると、日本語学習者の要約文は、話し手の意見及び頻出語などを中心とする表現で構成されており、日本語母語話者のように原文中の意味内容を相互に関連づけて包括的に表現するには至っていないと言える。今回の結果からだけでは結論づけることはできないが、これには、意見を述べた文か否かといった基準で重要箇所を抽出する読み方が影響しているのではないかと推察される。日本語教育の実践においては、話し手の意見及び頻出語に重点を置くにとどまらず、内容によっては原文中にない表現を用いることも含めて、要約文を書く過程及び書いた後の双方において文と文のつながりや全体のまとまりに意識を向けさせること、さらに文章の展開に合わせて話し手の意見を裏づける意味内容も取り込むことを示した上で、包括的なパラフレーズを意識させる必要があると考える。現在のところ、留学生を対象とした主な日本語教科書では、パラフレーズが主として語句レベルの範囲で扱われていることから、文章の内容を読み取って表すようなパラフレーズも取り入れていく必要があると言える。
　非明示的意味を表すパラフレーズが書きことばから書きことばへの文章でも生じることをふまえ、問題演習ではまず文レベルでの問題演習から始め、長さのある文章での問題演習へと段階的に進めていくことが考えられる。図7-3は、その基本となる問題例を示したものである[2]。【問題Ⅰ】は、文に示された含意を読み取って適切なものを選ぶ問題である。【問題Ⅱ】は、文の意味を読み取って括弧内にあてはまる語を入れる問題である。
　このような段階を要約の学習の中に盛り込むことで、原文中の表現をつなぎ合わせたような書き方が改善されるのではないかと考える。

【問題Ⅰ】次の下線部_____の意味として適切なものを選びなさい。

1. A氏は、経験も実績も十分である。<u>次の委員長にどうかと思っている。</u>
   a. A氏が次の委員長になったほうがよい。
   b. A氏が次の委員長にならないほうがよい。
   c. A氏が次の委員長になるかどうかはわからない。

2. A氏は、経験も実績も十分ではない。<u>次の委員長にどうかと思っている。</u>
   a. A氏が次の委員長になったほうがよい。
   b. A氏が次の委員長にならないほうがよい。
   c. A氏が次の委員長になるかどうかはわからない。

〈略〉

【問題Ⅱ】文の意味を読み取って一語で言い換えなさい。

1. 国際交流の意味を本当に理解しているのかどうかは疑問に思う。
   → 国際交流の意味を本当に理解しているとは（　　　　　）。

2. この地域は一般道でも渋滞することがほとんどない。新しく高速道路ができても利用する人がいるだろうか。
   → この地域に新しく高速道路を建設しても（　　　　　）。

3. 町の中心部に古くからある商店街を歩くと、シャッターが下りたままの店が多い。
   → 町の中心部に古くからある商店街は、活気が（　　　　　）。

〈略〉

図7-3　問題例（非明示的意味）

注 [1] 表7-5に挙げた表現は、複数の要約文で使用されたものを含む。
　　[2] 解答例は、次の通りである。
　　　　【問題Ⅰ】1. a　　2. b
　　　　【問題Ⅱ】1. 思えない／言えない　　2. 無駄である　　3. ない

第8章 教育方法論的検討

　本章では、第3章〔研究Ⅰ〕から第7章〔研究Ⅴ〕の結果を総括し、日本語教育の観点から方法論的な検討を行う。

　第3章〔研究Ⅰ〕から第7章〔研究Ⅴ〕では、調査の手続きとして文章を提示しなかった第4章〔研究Ⅱ〕を除き、日本語学習者の特徴として原文中の表現に依拠する傾向が一貫して見られた。具体的には、第3章〔研究Ⅰ〕において、文章の難易度にかかわらずパラフレーズの割合が低く、また参照する文章からの長い抜き出しが行われていたこと、第5章〔研究Ⅲ〕において、原文中の接続表現を言い換えてはいても原文の談話展開のまま文をつなぎ合わせたような要約文が見られたこと、第6章〔研究Ⅳ〕において、日本語母語話者の要約文との相違点として、日本語学習者の要約文では、原文中の頻出語「書く」とその類義語が多用されていたこと、第7章〔研究Ⅴ〕において、特に意見文で非明示的意味を表すパラフレーズの割合が低く、日本語母語話者の要約文でほとんど触れられていない文を原文中の表現によって要約文に取り込んでいたことなどから、語レベル、文レベルでのパラフレーズを中心とする局所的な処理が原文表現に依拠する形でなされていることが示唆された。結論として、上級レベルでもパラフレーズが十分には産出されていないことが把握された。

　第3章〔研究Ⅰ〕で明らかになった、参照する文章の難易度にかかわらずパラフレーズの割合が相対的に低いという結果から、従来の要約指導における「〇〇字以内でまとめなさい」というような字数制限を示した指示のみでは、原文中の表現に依拠したごく単純なパラフレーズにとどまることが示唆される。したがって、日本語教育の面からパラフレーズを促すような方策を講ずる必要があると言える。得られた結果に基づ

き、パラフレーズの教育方法を具体化するならば、その方向性として次の二点が軸になると考える。第一に、パラフレーズに関わる語彙力の向上を図ることである。第二に、従来の日本語教育で主に取り上げられてきたパラフレーズの種類をさらに広げ、多様なパラフレーズへの習熟を図ることである。第5章〔研究Ⅲ〕から第7章〔研究Ⅴ〕では、話しことばで述べられた内容をまとめるといった課題状況を扱ったが、書きことばで述べられた内容をまとめる際にも共通する部分があると考える。以下、上述した二点についてそれぞれ順に述べる。

　まず、第一の点について述べる。第4章〔研究Ⅱ〕及び第5章〔研究Ⅲ〕の結果から、語レベルの狭い範囲からのパラフレーズであっても必要となる語が十分に使えないといった問題が明らかになった。この問題に対して、文体の違いに習熟するような問題演習、また名詞化に見られるような品詞が異なる類義語を意識するような問題演習などが考えられる。取り上げる語を増やし、語彙を「使える」レベルに引き上げていく。あわせて、問題演習の形態にも留意したい。読んだ文章の内容をまとめるといった各課題状況において表層的なパラフレーズ傾向が見られたことから、各問題演習では、語と語の対応のみで提示するのではなく、文または文章の形態をとることによって文脈の中で語の使用を意識させる。また、第2章1.2の例6-1から例8-2で示したように、単一の語であっても文脈によって言い換えられる語が異なる問題演習を取り入れていくことがポイントになると思われる。

　次に、第二の点について述べる。本書で明らかになった、パラフレーズの処理が浅いという問題の要因の一つとして、学習者が使えるパラフレーズが限られていることが挙げられる。語レベル、文レベル、文章・談話レベルのそれぞれからパラフレーズを捉える視点を持ち、内容を読み取ってその意味を簡潔に示すことができるようになれば、原文中の表現を抽出してつなぎ合わせる表層的なパラフレーズ傾向が改善されると考える。そのためには、多様なパラフレーズへの習熟が必要であろう。複数の文、また文章・談話といった広い範囲からパラフレーズを扱った問題演習を段階的に取り入れることにより、包括的に意味を捉えることが可能となると思われる。

　以上の教育方法を実現するための一例として、以下に、パラフレーズ

教材の試案を示す[1]。

〈パラフレーズ教材の試案〉
1. 概要
〔目標〕
　レポートや論文、発表スライド、発表レジュメなどのアカデミック・ライティングの基本となるパラフレーズを習得し、使用できるようになること。

〔対象〕
　日本語でレポートや論文、発表スライド、発表レジュメを作成する必要がある、上級レベル（日本語能力試験N1程度）の大学・大学院留学生。

〔目指す言語活動と取り上げる表現形式〕
　レポートや論文の文章だけではなく、箇条書き・見出しも取り上げる。各問題演習では、語レベルから文章・談話レベルまで段階的に配列し、大学での実際の授業に近い課題へとつなげていく。最終的には、表8-1に示す通り、「書く」を中心に他の言語技能と結びつけた言語活動が円滑にできるようになることを目指す。

表8-1　目指す言語活動及び取り上げる表現形式

目指す言語活動	表現形式
〔聴く〕→〔書く〕 ・講義や講演を聴いてレポートにまとめる ・インタビュー調査で得られた発言内容をレポートの文章の一部としてまとめる	文章
〔読む〕→〔書く〕 ・関連文献を読んでレポートの文章の一部としてまとめる ・関連文献を読んで発表スライドの一部としてまとめる	文章 箇条書き・見出し
〔話す〕→〔書く〕 ・ゼミ等で発表した内容をレポートの文章にまとめる ・ゼミ等で発表する内容を発表スライドにまとめる	文章 箇条書き・見出し
〔書く〕→〔書く〕 ・レポートの内容を発表スライドにまとめる ・論文の要旨を規定の字数でまとめる	文章 箇条書き・見出し

2. 教材全体の構成

教材全体の構成を図8-1に示す。教材は、「基礎編」「発展編」「実践編」から構成される。「基礎編」では、主として一対一に対応する語レベルでのパラフレーズに焦点を当てる。具体的には、書きことば、和語と漢語、名詞化、ジャンルによる語の使い分けを取り上げる。「発展編」では、パラフレーズの範囲を句、節、文、文章・談話に広げ、それらの意味を読み取って言い換える問題演習を提示する。具体的には、複数の文・長い文、上位概念、簡潔な表現、含意・解釈（非明示的意味）を取り上げる。「実践編」では、総仕上げの課題として、表8-1に示した言語活動を取り上げ、大学で実際に課されるレポート、論文、発表スライド、発表レジュメに近い形式の問題演習を提示する。これらの問題演習を通して、実際のアカデミック・ライティングでパラフレーズが使えるようになることを目指す。

```
┌─────────────────────────────────────────────────────────┐
│ 基礎編　単語を言い換える（狭い範囲のパラフレーズ）      │
├─────────────────────────────────────────────────────────┤
│   第1課　書きことば　　　　　　例．やっぱり → やはり   │
│   第2課　和語と漢語　　　　　　例．分ける → 分類する   │
│   第3課　名詞化　　　　　　　　例．経済が発展する → 経済の発展 │
│   第4課　ジャンルによる語の使い分け                     │
│                                 例．面白い → 興味深い   │
│   総合問題                                              │
└─────────────────────────────────────────────────────────┘

┌─────────────────────────────────────────────────────────┐
│ 発展編　意味を読み取って言い換える（広い範囲のパラフレーズ）│
├─────────────────────────────────────────────────────────┤
│   第1課　複数の文・長い文を簡潔に言い換える             │
│     例．経験が何年あるかによって以下の4つのグループに分類した。│
│       →経験年数によって以下の4つのグループに分類した。  │
│   第2課　上位概念に言い換える                           │
│     例．新聞社や放送局、通信社などの雇用形態を調査した。 │
│       →報道機関の雇用形態を調査した。                   │
│   第3課　事柄・事象を簡潔に言い換える                   │
│     例．人と人との関係について悩む人が多い。            │
│       →人間関係について悩む人が多い。                   │
│   第4課　含意・解釈（非明示的意味）を表す               │
│     例．「掲示物の字が小さくて読めないんですよね。」    │
│       →読みやすい大きさの字で掲示してほしい。           │
│   総合問題                                              │
└─────────────────────────────────────────────────────────┘

┌─────────────────────────────────────────────────────────┐
│ 実践編　目的に応じた形式で書く                          │
├─────────────────────────────────────────────────────────┤
│   実践問題1　インタビュー調査の結果をレポートにまとめる │
│   実践問題2　関連文献の内容をレポートにまとめる         │
│   実践問題3　発表する内容を発表スライドにまとめる       │
│   実践問題4　レポートの内容を発表スライドにまとめる     │
│   実践問題5　論文の要旨を規定の字数でまとめる           │
└─────────────────────────────────────────────────────────┘
```

図8-1　教材全体の構成（試案）

3. 各課の構成と内容

　以下、各課の構成と内容について説明する。

　「基礎編」「発展編」の各課は、説明、ステップ1、ステップ2、ステップ3の順に段階的に進んでいく。ステップ1及びステップ2では問題文を文の形式で示し、言い換える語を選択肢から選ぶ問題（第4章 図4-1【問題Ⅰ】、図4-2【問題Ⅰ】、第7章 図7-3【問題Ⅰ】を参照）、あてはまる語を括弧内に入れる問題（第4章 図4-1【問題Ⅱ】、図4-2【問題Ⅱ】、第6章 図6-9【問題】、第7章 図7-3【問題Ⅱ】を参照）、文の中から不適切な表現や冗長な表現を見つけて言い換える問題などを提示する。ステップ3では、100～500字程度の文章やグラフなどの資料の内容をレポート、論文、発表スライド、発表レジュメの一部としてまとめる問題などを提示する。図8-2にステップ3の問題例を示す[2]。調査結果を発表スライドの一部としてまとめる上で質問1「あなたは、アルバイトをしたことがありますか」をもとに図のタイトルを書く問題となっている。

　「実践編」の各問題では、それぞれ500～2000字程度の文章の内容を指示された表現形式でまとめるというような課題を提示する。図8-3にその一部を示す。レポートの文章をもとに発表スライドを作成する課題となっている。

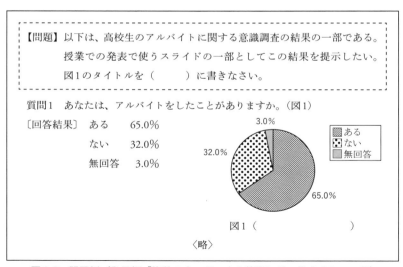

図8-2　問題例（発展編「複数の文・長い文を簡潔に言い換える」の一部）

【問題】次の文章は、社会言語学の授業で「日本人大学生の敬語意識」についてあなたが書いたレポートの一部である。この内容を口頭で発表するときの発表スライドをパワーポイントなどで作成しなさい。

● レポートの一部

日本人大学生の敬語意識

1. はじめに

　現代の若者は敬語を使わない、あるいは使い方を知らないということがしばしば指摘されている。果たして現代の若者は敬語を使っていないのだろうか。本レポートでは、日本人大学生が敬語に対してどのような意識を持っているのかを探るために実施したアンケート調査の結果を考察する。

2. 調査の概要

　アンケート調査は、日本人大学生50名（年齢18〜24歳）を対象に、2010年6月に関東地方に位置するZ大学で実施した。アンケートでは、敬語の使用とその必要性について尋ねた。回収率は、96.0％であった。質問項目は、全て選択式である。

3. 結果と考察
3.1 日常生活における敬語の使用

　図1は、日常生活における敬語をどの程度使うかを尋ねた結果を示したものである。図2は、実際の敬語を使う際に正しく使えるかどうかを示したものである。図1では、「よく使う」といった回答が

〈略〉

図8-3　問題例（実践編「レポートの内容を発表スライドにまとめる」の一部）

注 [1] 本章で示した試案をもとに、山形大学准教授仁科浩美氏との共同研究として学習用教材を開発し、複数の大学での試行と、それに基づく改訂を経て、2014年3月に『アカデミック・ライティングのためのパラフレーズ演習』としてスリーエーネットワークより刊行した。
　　[2] 解答例は、次の通りである。
　　　　【問題】アルバイト経験の有無

第9章 総括と今後の課題

1 総括

　本書では、第二言語としての日本語のライティング教育を考えるための基礎研究として、第二言語としての日本語によるパラフレーズの特徴と問題点を明らかにし、その教育方法を見出すことを目的に五つの検証を行った。

　第1章「序論」では、問題の所在と研究目的、研究対象、研究方法、本書の構成について論じた。コンテクストの違いに応じた言語使用においてパラフレーズが重要な役割を果たす一方で、日本語学習者のパラフレーズの状況に関してはまだ十分に把握されておらず、また日本語教育においてもあまり取り上げられていないという研究背景を示した。パラフレーズを大学レベルでのレポート・論文などに必要な言語スキルの一つとして位置づけ、語用論的見地から日本語学習者のパラフレーズの問題を解明することの意義と上述した研究目的について述べた。上級レベルの中国人学習者及び韓国人学習者によるライティングを分析資料とし、誤用を分析した第4章〔研究Ⅱ〕及び第5章〔研究Ⅲ〕を除き、日本語母語話者との比較を行うことを述べるとともに、パラフレーズを分析する言語単位について説明した。

　第2章「関連研究の概観」では、パラフレーズに関連する研究を概観した。第二言語でのパラフレーズの問題を捉えていく上で基底となるものとして、語の使用、統語的なパラフレーズと語彙知識、上位概念のそれぞれについて説明するとともに、本書では、ライティングにおける語用論的な問題として文体に着目することを述べた。先行研究によって第

二言語としての日本語能力とパラフレーズ使用との関係が指摘される一方で、上級レベルに着目した研究が不足していること、また留学生を対象とした日本語教科書で取り上げられているパラフレーズが主に語レベルのものに偏ることを指摘した。加えて、要約において字句通りの意味以上のことを読み取って包括的に表すパラフレーズにも注目する必要があることについて論じた。

　第3章から第7章においては、以下に述べる通り、(1) 文章の難易度との関係、(2) 名詞化、(3) 文体、(4) 具体例からの抽象化、(5) 非明示的意味の各側面から検証するとともに、得られた結果に基づいて実際の教育への応用について考察した。

　第3章「文章の難易度とパラフレーズの産出との関係」では、〔研究Ⅰ〕として、文章の内容をまとめる際に原文の難易度がパラフレーズの産出に影響するかどうかを量的な側面から明らかにした。文章の難易度にかかわらず、日本語母語話者に比べてパラフレーズよりも原文からの抜き出しの割合が高いこと、さらに長い抜き出しの割合が高いことから、上級レベルであっても日本語教育の観点からの学習が必要であることを示した。

　第4章「名詞化」では、〔研究Ⅱ〕として、もとの表現の統語構造を変える際に基盤となる名詞化を取り上げ、和語動詞を含む単文からのパラフレーズにおける語の誤用を分析した。中国人学習者に動詞連用形による誤用が多いという結果から、局所的なパラフレーズであっても、その使用が困難なものがあることを示した。品詞が異なる類義語に注目し、語彙の面から支えることによって達成されると考え、その問題演習の一部を例示した。

　第5章「語の誤用」では、〔研究Ⅲ〕として、文体に応じた語レベルのパラフレーズにおける誤用の特徴を、誤用分析とフォローアップ・インタビューにより検証し、話しことばによる誤用が顕著であることを明らかにした。文体の違いに対する認識があっても話しことばによる誤用に至る背景には、語に対する誤った理解、語彙不足による代用、無意識的な話しことばの使用が見られ、これらの点が学習上のポイントとなることを示した。

　第6章「具体例からの抽象化」では、〔研究Ⅳ〕として、具体的な実例

が述べられている文章に着目し、複数の文によって構成された内容がどのように再現されているのかを内容の述べ方（上位概念）、使用語彙（用言）、統語構造のそれぞれの面から検証した。日本語学習者の特徴として、原文中の具体的な実例は日本語母語話者同様に上位概念を示す語句を用いたパラフレーズによって抽象化される一方で、要約文には原文中の頻出語及びその類義語が多用され、一連の文章から読み取った意味を反映させたパラフレーズまでには至っていないことがわかった。語句レベルに注意するにとどまらず、包括的に意味内容を再現するような視点が必要であることを述べた。

第7章「非明示的意味」では、〔研究Ⅴ〕として、文の機能に着目し、非明示的意味を表すパラフレーズを分析した。意見文における文の機能の抽出の仕方、また内容の述べ方に関して日本語学習者と日本語母語話者の間で異なる傾向が確認された。日本語学習者の要約文では、意見文を残す傾向が見られた。日本語母語話者の要約文は、原文の談話構造とは異なる形で構成され、明示的に書かれていない意味を原文中にない表現で補うなど、文章全体からの要約がなされているのに対し、日本語学習者の要約文では、抽出した意見とその根拠となる意味内容との関連づけが弱い傾向があることが示唆された。このことから、文章全体から意味内容を捉える視点とともに、日本語教育としてライティングの学習に非明示的意味を表すパラフレーズを取り入れる必要性を指摘した。

第3章〔研究Ⅰ〕から第7章〔研究Ⅴ〕において、中国人学習者と韓国人学習者で相違が見られた点は、内容のまとめにおける原文からの長い抜き出しの割合（第3章）、和語動詞を含む単文から名詞句へのパラフレーズにおける連用形の誤用（第4章）、原文の頻出語及びその類義語を使用した節の統語構造（第6章）である。いずれも中国人学習者が韓国人学習者よりも原文中の表現に依拠していることが確認された。

第8章「教育方法論的検討」では、得られた結果に基づき、日本語教育の観点から方法論的な検討を行った。日本語教育で取り上げるパラフレーズの種類の拡大と語彙力の強化といった二つの方向性とともに、パラフレーズ教材の試案を提示した。

2 本研究の成果と意義

本研究の成果と意義は、以下の三点に総括される。

第一に、これまで第二言語としての日本語によるパラフレーズを対象とした研究と教育の双方が少なく、とりわけ上級レベルでのパラフレーズに関する教育研究が不足していた中で、その困難点を多面的に明らかにした点である。語彙面、統語面、意味面のそれぞれから日本語学習者のパラフレーズの様相を捉え、第二言語によるパラフレーズの特徴と問題点を提示することができた。

第二に、本研究で得られた結果に基づき、語句レベルを中心とした局所的なパラフレーズのみを取り上げてきた従来の教育方法に対して、文レベル、文章・談話レベルで意味を読み取って表すパラフレーズの学習が不可欠であるという新たな視座を提示した点である。

第三に、多様なパラフレーズを学習する上での枠組みと学習内容を検討し、教材試案を提示した点である。パラフレーズは、その種類が多岐にわたるにもかかわらず、これまで日本語教育の中で学習項目として十分に扱われてこなかった。上述した第一、第二の点から、学習内容を教材試案の形で示すことができた。

これらにより、第二言語としての日本語のライティング教育を展開する上での示唆が得られた。

3 今後の課題と展望

最後に、今後の課題と展望について順に述べる。

今後の課題は次の通りである。第一に、文章理解及び文章産出における認知過程との関連を検証することである。本書では多層的な読みのレベルを仮定し、原文中の表現をつなぎ合わせたような要約文に対して「表層的」という表現を用いて論じた。その際、「理解」が表層的なのか、「産出」が表層的なのかを厳密に分けて検討することは試みなかった。その理由は、第2章で述べた認知モデルが示すように、読み手／書き手自身の既有知識との関係を抜きに論じることができず、原文とパラフレ

ーズの対応関係だけでは説明できない部分が内包されていることによる。人間の言語情報処理のプロセスとメカニズムを解明しようとする心理学的なアプローチにおいて、文章に明示的に書かれていないことを読み手が解釈できるのは、辞書的な意味だけではなく、百科事典的な意味をも含めた既有知識が働いているからであると考えられている（阿部他1994）。本書では、既有知識との関係を探ることよりも言語面の把握を重視し、第二言語によるパラフレーズの様相を量的、質的な面から考察することを通して日本語教育の方法論的検討に向けた視座を提示することを優先した。そのため、産出面に焦点を当てた本書では、文章理解に関連する要因について探索的な解明にとどまらざるを得なかった。パラフレーズを「理解と産出を融合した認知過程」（柏崎2010: 39）として捉えるとすれば、理解と産出の関係をどのように考えるべきなのかといった検討を重ねていくことが今後さらに必要であろう。この問題は、個々の研究目的によっても見方が異なるであろうし、また厳密に分けて考えられる部分とそうではない部分とが混在している。そうした区分もしくは統合を経て、次の段階として仮説―検証といったアプローチからの実証が可能になると考える。その上で、本書で明らかになった結果をさらに進展させるには、以下の研究課題が考えられる。例えば上位概念を表すパラフレーズに関しては、文章に見られる同一語の繰り返し、同義語、上位語などの語彙的結束性（Halliday & Hasan 1976）を示す諸要素との関連性や、母語による語彙概念構造における階層性との関係と結びつけて検証することなどが挙げられる。また、非明示的意味を表すパラフレーズに関しては、要約時に行われる情報の選択とその表現を状況モデルとの関係から検証することなどが挙げられる。

　第二に、日本語学習者の母語についてである。日本の大学で学ぶ学部留学生から調査協力を得た本研究の結果は、日本で第二言語としての日本語の習得環境にある学習者の特徴を示すものである。一方で、海外で行われている外国語としての日本語教育にも応用可能な面を含み得るものでもあると考える。より具体的な方法論の提示のためには、さらに以下の二点からの検証が必要である。

　一つは、中国語・韓国語以外の言語を母語とする日本語学習者を対象にした調査研究である。特に漢語に関する知識がパラフレーズの産出に

どのような影響を及ぼすのかに関しては、中国人学習者及び韓国人学習者と共通する部分と異なる部分とがあると予想される。本研究では、中国語・韓国語以外を母語とする日本語学習者から十分な数の調査協力が得られず、分析の対象に含めることができなかった。今後、中国語・韓国語以外を母語とする日本語学習者の特徴を明らかにすることが課題である。

　もう一つは、日本語学習者の母語及びその国語教育の面からも考察することである。パラフレーズせずに原文中の表現に依拠する傾向は、韓国人学習者よりも中国人学習者に強く見られた。日本語と韓国語の言語類型論的な類似により韓国人学習者の第二言語処理の負荷が軽減されていることが考えられるが、この点に加えて中国人学習者に母語での言語スキルの転移が生じている可能性も指摘される。これらの点についてさらに検討していくことにより日本語学習者の母語別の留意点を示すことができると考える。

　以上の検討課題を追究していくとともに、今後の展望として以下の点についても発展的に考えていきたい。

　まず、レポート・論文での引用におけるパラフレーズの困難点を解明することである。本研究の「読んだ文章の内容をまとめる」といった課題状況で得られた結果が、引用すなわち「他者による文章を自身の文章展開の中で述べる」といった課題状況とどのような面で共通し、どのような面で異なるのかが明らかになれば、引用で使われるパラフレーズの教育方法の開発にもつなげていけると考える。特にレポート・論文での引用の場合には、より専門的な文章が対象となる。専門的な文章にも本書で取り上げた名詞化、上位概念、非明示的意味といった言語的特性が含まれていることから、種々の引用表現がこれらのパラフレーズに加わった場合に新たにどのような困難点が生じるのか、その解明が課題である。上述した検討課題の第一の点と重なるが、状況モデルとの関連から探るならば、書き手の専門知識との関係が研究課題の一つになってくるであろう。

　次に、本書で提示したパラフレーズ教材の試案をもとに教育実践を重ね、充実を図ることである。第4章〔研究Ⅱ〕、第6章〔研究Ⅳ〕、第7章〔研究Ⅴ〕では、関連する最も基本的な導入部分の問題例を提示したが、

さらに教材全体の充実とその有効性の検証が課題である。教材開発では、パラフレーズを焦点化する上で、素材としての文及び文章の選定・作成が重要となる。特に教材として示す素材を文及び文章中の語と語の関連づけ、命題間の関連づけ、文章構造などの面から入念に検討していく必要がある。加えて、次の点についても留意したい。本書では、主に日本語母語話者との比較を通して日本語学習者のパラフレーズの特徴を捉えたが、日本語母語話者を基準とした分析結果は、場合によっては日本語教育方法の捉え方を狭めることにもつながりかねない。そうではなく、パラフレーズの学習を教材の枠、教室の枠を超えた日本語使用にいかに結びつけていくかという視点から、個々人の言語表現の豊かさに向けて、教育実践の充実が図られるべきであろう。

　さらに、次のような関連領域への応用と発展を目指していきたい。本書で取り上げた話しことばから書きことばへのパラフレーズに関しては、例えば大学での講義内容の聴解とその文章化の他、日本の学校で学ぶ外国人児童生徒を対象とした教科学習支援への応用が考えられる。小中学校での授業内の話しことばと教科書の文章における書きことばの相違に着目し、教科特有の談話構造及び文章構造の面からの検証を通して、パラフレーズを活用した学習支援方法の具体的な提示につなげていけると考える。

　本書によって明らかになったことは、パラフレーズ全体から見ると、一部にとどまる。今後、上述した点を中心にさらに考察を重ね、第二言語使用に内在するパラフレーズの諸相を解明し、言語教育の一層の充実を目指していきたい。

参考文献

アカデミック・ジャパニーズ研究会編（2002a）『大学・大学院留学生の日本語③論文読解編』アルク

アカデミック・ジャパニーズ研究会編（2002b）『大学・大学院留学生の日本語④論文作成編』アルク

阿部純一・桃内佳雄・金子康朗・李光五（1994）『人間の言語情報処理―言語理解の認知科学―』サイエンス社

阿辺川武（2012）「日本語作文支援システム「なつめ」」仁科喜久子監修・鎌田美千子・曹紅荃・歌代崇史・村岡貴子編『日本語学習支援の構築―言語教育・コーパス・システム開発―』pp.229–247. 凡人社

安龍洙（1999）「日本語学習者の漢語の意味の習得における母語の影響について―韓国人学習者と中国人学習者を比較して―」『第二言語としての日本語の習得研究』3, pp.5–18. 第二言語習得研究会

石黒圭・筒井千絵（2009）『留学生のためのここが大切 文章表現のルール』スリーエーネットワーク

石坂春秋（2003）『レポート・論文・プレゼン スキルズ』くろしお出版

石橋玲子（2002）『第2言語習得における第1言語の関与―日本語学習者の作文産出から―』風間書房

乾健太郎・藤田篤（2004）「言い換え技術に関する研究動向」『自然言語処理』11(5), pp.151–198. 言語処理学会

庵功雄（2007）『日本語におけるテキストの結束性の研究』くろしお出版

上村和美・内田充美（2005）『プラクティカル・プレゼンテーション』くろしお出版

遠藤織枝（1982）「中級レベルの作文指導」『講座日本語教育』18, pp.1–21. 早稲田大学語学教育研究所

遠藤織枝（1988）「話しことばと書きことば―その使い分けの基準を考える―」『日本語学』7(3), pp.27–42. 明治書院

学習技術研究会編（2006）『知へのステップ 改訂版―大学生からのスタディ・スキルズ―』くろしお出版

柏崎秀子（2010）「文章の理解・産出の認知過程を踏まえた教育へ―伝達目的での読解と作文の実験とともに―」『日本語教育』146, pp.34–48. 日本語教育学会

鎌田美千子（2005）「学部留学生の発表活動に必要な日本語文章表現指導―レジュメ・提示資料に見られる問題点とその指導―」『外国文学』54, pp.53–66. 宇都宮大学外国文学研究会

鎌田美千子（2012）「留学生を対象にしたパラフレーズ教材の必要性

と教材開発—日本語アカデミック・ライティング教育の観点から—」『外国文学』61, pp.1–13．宇都宮大学外国文学研究会

川原裕美（1989）「要約文のパラフレーズの様相」佐久間まゆみ編『文章構造と要約文の諸相』pp.141–167．くろしお出版

川村よし子（1999）「語彙チェッカーを用いた読解テキストの分析」『講座日本語教育』34, pp.1–22．早稲田大学日本語研究教育センター

木戸光子（1989）「文の機能による要約文の特徴」佐久間まゆみ編『文章構造と要約文の諸相』pp.112–125．くろしお出版

黒崎亜美・松下達彦（2009）「中上級日本語学習者による形容語彙の産出—韓国語母語の学習者の場合—」『日本語教育』141, pp.46–56．日本語教育学会

国立国語研究所編（1984）『日本語教育のための基本語彙調査』秀英出版

小林典子・フォード丹羽順子・山元啓史（1996）「日本語能力の新しい測定法［SPOT］」『世界の日本語教育 日本語教育論集』6, pp.201–218．国際交流基金日本語国際センター

小林由子（2007）「日本語のアカデミック・ライティングにおける「文体」シラバス」『日本語教育方法研究会誌』14(1), pp.58–59．日本語教育方法研究会

小柳かおる（2004）『日本語教師のための新しい言語習得概論』スリーエーネットワーク

佐久間まゆみ編（1989）『文章構造と要約文の諸相』くろしお出版

佐久間まゆみ編（1994）『要約文の表現類型—日本語教育と国語教育のために—』ひつじ書房

迫田久美子（2002）『日本語教育に生かす第二言語習得研究』アルク

佐々木瑞枝・細井和代・藤尾喜代子（2006）『大学で学ぶための日本語ライティング』The Japan Times

佐藤理史（1999）「論文表題を言い換える」『情報処理学会論文誌』40(7), pp.2937–2945．情報処理学会

重松淳・鴻巣努・福田忠彦（1994）「アイカメラによるnon-nativeの「読み」に関する実証的研究（第2報）」『平成6年度日本語教育学会秋季大会予稿集』pp.92–95．日本語教育学会

柴崎秀子（2014）「リーダビリティー研究と「やさしい日本語」」『日本語教育』158, pp.49–65．日本語教育学会

柴田武・山田進編（2002）『類語大辞典』講談社

城生伯太郎・佐久間まゆみ（1996）『右脳を刺激する日本語小辞典』東京書籍

杉戸清樹（1997）「文章・談話の単位」佐久間まゆみ・杉戸清樹・半

澤幹一編『文章・談話のしくみ』pp.26–35. おうふう

砂川有里子（2005）『文法と談話の接点―日本語の談話における主題展開機能の研究―』くろしお出版

高橋登（1996）「学童期の子どもの読み能力の規定因について―componential approachによる分析的研究―」『心理學研究』67(3), pp.186–194. 日本心理学会

田中真理（2007）『平成16年度～平成18年度科学研究費補助金基盤研究（C）研究成果報告書第二言語によるライティングについての基礎研究―Good writingとは何か―』（研究代表者 田中真理）電気通信大学

谷口すみ子・赤堀侃司・任都栗新・杉村和枝（1994）「日本語学習者の語彙習得―語彙のネットワークの形成過程―」『日本語教育』84, pp.78–91. 日本語教育学会

玉村禎郎（1999）「動詞連用形転成名詞―現代日本語の基本語を中心に―」『光華日本文学』7, pp.1–14 (123–136). 光華女子大学日本文学会

田忠魁・泉原省二・金相順編（1998）『日本語類似表現のニュアンスの違いを例証する類義語使い分け辞典』研究社

長沼行太郎・青嶋康文・入部明子・向後千春・幸田国広・佐野正俊・傍嶋恵子・豊澤弘伸（2003）『日本語表現のレッスン―文章技法からイベント・プレゼンの企画と実施まで―』教育出版

西尾寅弥（1961）「動詞連用形の名詞化に関する一考察」『國語學』43, pp.60–81. 國語學會

仁科喜久子・村岡貴子・因京子・Joyce Terence Andrew・鎌田美千子・阿辺川武（2011）「バランス・コーパス利用による日本語作文支援システム「なつめ」の構築と評価」『特定領域研究「日本語コーパス」平成22年度公開ワークショップ（研究成果報告）予稿集』（研究代表者 前川喜久雄）pp. 215–224.

二通信子（2005）「アカデミック・ライティング」国立国語研究所編『日本語教育年鑑2005年版』pp.29–41. くろしお出版

二通信子・佐藤不二子（2003）『改訂版留学生のための論理的な文章の書き方』スリーエーネットワーク

丹羽一彌（2005）『日本語動詞述語の構造』笠間書院

芳賀綏・佐々木瑞枝・門倉正美（1996）『あいまい語辞典』東京堂出版

畠弘巳（1987）「話しことばの特徴―冗長性をめぐって―」『国文学解釈と鑑賞』52(7), pp.22–34. 至文堂

畠弘巳（1989）「話しことばと書きことば」『日本語学』8(11), pp.88–100. 明治書院

八若壽美子（1999）「日本語母語話者と日本語学習者の作文における読解材料からの情報使用について」『言語文化と日本語教育』18, pp.12–24. お茶の水女子大学日本言語文化学研究会

八若壽美子（2001）「韓国人日本語学習者の作文における読解材料からの情報使用―読解能力との関連から―」『世界の日本語教育 日本語教育論集』11, pp.103–114. 国際交流基金日本語国際センター

半澤幹一（1997）「文章・談話のいろいろ」佐久間まゆみ・杉戸清樹・半澤幹一編『文章・談話のしくみ』pp.18–25. おうふう

半澤幹一（2003）「文章・談話の定義と分類」, 北原保雄監修, 佐久間まゆみ編『朝倉日本語講座7 文章・談話』pp.1–22. 朝倉書店

一橋大学留学生センター（2005）『留学生のためのストラテジーを使って学ぶ文章の読み方』スリーエーネットワーク

フォード丹羽順子・小林典子・山本啓史（1995）「「日本語能力簡易試験（SPOT）」は何を測定しているか―音声テープ要因の解析」『日本語教育』86, pp.93–102. 日本語教育学会

藤村知子（1998）「要約文作成における中級日本語学習者のパラフレーズの問題点」『東京外国語大学留学生日本語教育センター論集』24, pp.1–21. 東京外国語大学留学生日本語教育センター

ベケシュ，アンドレイ（1987）『テクストとシンタクス』くろしお出版

ベケシュ，アンドレイ（1989）「残存認定単位の規定と出現傾向」佐久間まゆみ編『文章構造と要約文の諸相』pp.18–34. くろしお出版

松田文子（2000）「日本語学習者による語彙習得―差異化・一般化・典型化の観点から―」『世界の日本語教育 日本語教育論集』10, pp.73–89. 国際交流基金日本語国際センター

水谷信子（2005）「話しことばの特徴」日本語教育学会編『新版日本語教育事典』pp.347–349. 大修館書店

南本義一（1995）『中国の国語教育』溪水社

宮島達夫（1977）「単語の文体的特徴」松村明教授還暦記念会編『松村明教授還暦記念 国語学と国語史』pp.871–903. 明治書院

宮島達夫（1988）「単語の文体と意味」『國語學』154, pp.78–88. 國語學會

村岡貴子（1993）「日本語教育における文体の扱い」『香川大学教育学部研究報告』第Ⅰ部88, pp. 43–63. 香川大学

村岡貴子（1996）「文体の指導」『日本語学』15(8), pp.263–267. 明治書院

邑本俊亮（1998）『文章理解についての認知心理学的研究―記憶と要約に関する実験と理解過程のモデル化―』風間書房

メイナード，泉子・K.（1997）『談話分析の可能性―理論・方法・日本語の表現性―』くろしお出版

メイナード，泉子・K.（2004）『談話言語学―日本語のディスコースを創造する構成・レトリック・ストラテジーの研究―』くろしお出版

森田良行（1977）『基礎日本語―意味と使い方―』角川書店

森田良行（1980）『基礎日本語2―意味と使い方―』角川書店

吉田美登利（2011）『日本語作文産出過程の分析と支援ツールの開発―構想と構成の観点から―』風間書房

吉橋健治・傅亮・仁科喜久子（2007）「学習者に合わせた例文表示ツール」*CASTEL-J in Hawaii 2007 Proceedings*, pp.223–226.

類語研究会編（1991）『正しい言葉づかいのための似た言葉使い分け辞典』創拓社出版

渡邉文生（1989）「節の接続関係による要約文の特性」佐久間まゆみ編『文章構造と要約文の諸相』pp.79–98．くろしお出版

Aitchison, J. (1987). *Words in the Mind: An Introduction to the Mental Lexicon*. Oxford: Basil Blackwell.

Backman, L. F. & Palmer, A. S. (1996). *Language Testing in Practice: Designing and Developing Useful Language Tests*. Oxford: Oxford University Press.（大友賢二・ランドルフ・スラッシャー監訳（2000）『〈実践〉言語テスト作成法』大修館書店）

Bereiter, C. & Scardamalia, M. (1987). *The Psychology of Written Composition*. Hillsdale, NJ: Lawrence Erlbaum Associates.

Bialystok, E. (1990). *Communication Strategies: A Psychological Analysis of Second-Language Use*. Oxford: Basil Blackwell.

Bialystok, E. & Sharwood-Smith, M. (1985). Interlanguage is not a state of mind: An evaluation of the construct for second-language acquisition, *Applied Linguistics,* 6(2), pp.101–117.

Brown, A. L. & Day, J. D. (1983). Macrorules for summarizing texts: The development of expertise. *Journal of Verbal Learning and Verbal Behavior,* 22(1), pp.1–14.

Campbell, C. (1990). Writing with others' words: using background reading text in academic compositions. In B. Kroll (Ed.), *Second Language Writing*. Cambridge: Cambridge University Press, pp.211–230.

Clark, E. V. (1973). What's in a word? On the child's acquisition of semantics in his first language. In T. E. Moore (Ed.), *Cognitive*

Development and the Acquisition of Language. pp.65–110. New York: Academic Press.

Cook, V. (1982). *Second Language Learning and Language Teaching.* London: Edward Arnold.（米山朝二訳（1993）『第２言語の学習と教授』研究社）

Ellis, R. (1994). *The Study of Second Language Acquisition.* Oxford: Oxford University Press.（金子朝子訳（1996）『第二言語習得序説―学習者言語の研究―』研究社）

Halliday, M. A. K. & Hasan, R. (1976). *Cohesion in English.* London: Longman.（安藤貞雄・多田保行・永田龍男・中川憲・高口圭轉訳（1997）『テクストはどのように構成されるか―言語の結束性―』ひつじ書房）

Hayes, J. R. & Flower, L. (1980). Identifying the organization of writing processes. In L. W. Gregg & E. R. Steinberg (Eds.), *Cognitive Processes in Writing.* pp.3–30. Hillsdale, NJ: Lawrence Erlbaum Associates.

Henriksen, B. (1999). Three dimensions of vocabulary development. *Studies in Second Language Acquisition,* 21(2), pp.303–317.

Hobbs, J. R. (1979). Coherence and coreference. *Cognitive Science,* 3(1), pp.67–90.

Kintsch, W. (1994). Text comprehension, memory, and learning. *American Psychologist,* 49(4), pp.294–303.

Kintsch, W. (1998). *Comprehension*: *A Paradigm for Cognition.* Cambridge: Cambridge University Press.

Laufer, B. (1990). Why are some words more difficult than others?: some intralexical factors that affect the learning of words. *International Review of Applied Linguistics in Language Teaching,* 28(4), pp.293–307.

Mann, W. C. & Thompson, S. A. (1986). Relational propositions in discourse. *Discourse Processes,* 9 (1), pp.57–90.

McLaughlin, B., Rossman, T., & McLeod, B. (1983). Second language learning : An information-processing perspective. *Language Learning,* 33 (2), pp.135–158.

Meara, P. (1982). Word associations in a foreign language: A report on the Birkbeck vocabulary project. *Nottingham Linguistic Circular,* 11(2), pp.29–37.

Melka, F. (1997). Receptive vs. productive aspects of vocabulary. In N. Schmitt & M. McCarthy (Eds.), *Vocabulary: Description, Acquisition and Pedagogy.* pp.84–102. Cambridge: Cambridge University Press.

Millar, K. (1970). Free-association responses of English and Australian students to 100 words from the Kent-Rosanoff word association test. In

L. Postman & G. Keppel (Eds.), *Norms of Word Association.* pp.39–52. New York: Academic Press.

Nation, I. S. P. (2001). *Learning Vocabulary in Another Language.* Cambridge: Cambridge University Press.

Rosch, E. (1977). Human categorization. In N. Warren (Ed.), *Studies in Cross-cultural Psychology 1.* pp.1–49. London: Academic Press.

Schachter, J. (1974). An error in error analysis. *Language Learning,* 24(2), pp.205–214.

Tarone, E. (1977). Conscious communication strategies in interlanguage: A progress report. In H. D. Brown, C. A. Yorio, & R. C. Crymes (Eds.), *On TESOL '77.* pp.194–203. Washington, DC: TESOL.

van Dijk, T. A. & Kintsch, W. (1983). *Strategies of Discourse Comprehension.* New York: Academic Press.

van Dijk, T. A. & Kintsch, W. (1985). Cognitive psychology and discourse: Recalling and summarizing stories. In H. Singer & R. B. Ruddell (Eds.), *Theoretical Models and Processes of Reading* (3rd. ed.). pp.794–812. Newark, DE: International Reading Association.

Verschueren, J. (1999). *Understanding Pragmatics.* London: Edward Arnold. （東森勲監訳（2010）『談話と社会の語用論―統合的アプローチを求めて―』ひつじ書房）

Widdowson, H. G. (1978). *Teaching Language as Communication.* Oxford: Oxford University Press.

あとがき

　本書は、2010年に東京工業大学大学院社会理工学研究科に提出した博士学位論文「日本語学習者のパラフレーズ使用に関する研究―中国語・韓国語を母語とする上級学習者を対象に―」及び関連論文を加筆修正し、まとめたものです。宇都宮大学国際学部「2014年度国際学叢書出版助成」を得て、刊行することができました。刊行に至るまで、多くの方々よりご指導、ご協力をいただきましたことに深く感謝申し上げます。

　学術書として本書を刊行した目的は、日本語でレポートや論文を書く留学生への教育方法を議論していく上で欠かせないパラフレーズに関する研究成果を広く発信し、教育研究の発展に資することにありました。日本の大学で学ぶ留学生は、多くの場合、日本人学生と同じく日本語でレポートや論文、発表資料を作成することになりますが、母語ではない言語で執筆する難しさは多岐にわたり、その中でも日本語の話しことばと書きことばの使い分けが課題の一つとなっています。パラフレーズはライティングの重要項目でありながら、これまでその教育研究は進んでおらず、学術書に至っては未だ刊行されていませんでした。そこで、2014年3月に留学生対象の日本語テキストとして刊行した拙著『アカデミック・ライティングのためのパラフレーズ演習』（発行：スリーエーネットワーク）の基底となった一連の研究内容を学術書として出版することを目指しました。

　一方で、言語教育研究の流れが、情報の入力（インプット）と出力（アウトプット）といった枠組みを仮定して言語の認知過程を捉えようとした情報処理論的アプローチから、状況的学習論などをはじめとする社会文化的アプローチへと移行してきた中で、本書は、ある意味、オーソドッ

クスな研究手法に終始した感が否めません。本書では、パラフレーズの教育方法を「パラフレーズ教材」という形態を想定して提案しましたが、現実には、教材の枠にはおさまらない様々な言語活動が展開されています。今後は、次の段階として、学習という概念をより広く捉えてパラフレーズの習得を考える新たな方向性を追究することが一方で必要であると実感しています。本書冒頭にも述べたように、パラフレーズを「聴く」「話す」「読む」「書く」という言語技能を複合的に結びつけるものとして捉えるならば、場面や相手、伝達様式といった「状況」に応じた言語使用こそがパラフレーズの最も本質的な部分であると言えます。今後、教材の枠、教室の枠を超えた学習のあり方についてさらに探究し、新たな教育研究へと展開していきたいと考えています。

＊　　　　　　＊　　　　　　＊

　筆者は、大学の授業で言語学を学んで以来、同じ意味内容を表すのにも多様な表現が存在するといった、言語の豊かさに深い関心を持つと同時に、ことばの習得と教育について考えてきました。パラフレーズに興味を持つようになったのは、大学4年生であった1990年当時、コミュニケーション・ストラテジーに関する卒業研究の一部としてパラフレーズを分析したことに始まります。その後、ストラテジー以外のパラフレーズとそのスキルの習得に関心を広げ、留学生への日本語教育に携わるようになってからは、話しことばから書きことばへの移行がなかなか容易ではないことを日々実感する中で、日本語教育の実践にパラフレーズを積極的に取り上げることができないかと考えるようになりました。

　しかし、当時、パラフレーズの研究は、情報工学分野の自然言語処理からのアプローチが主流であり、言語教育の観点から行った先行研究にはなかなか出会うことができずにいました。研究全般において見通しが立たず、模索する日々が続きました。手探りの状況の中で、東京工業大学留学生センター教授（当時）の仁科喜久子先生が音声対話研究の一環として日本語学習者のパラフレーズを分析なさったご論考を見つけ、日本語教育としてパラフレーズを取り上げることに確信を持ちました。その時の喜びは、今でも忘れることができません。その後、社会人学生とし

て東京工業大学大学院社会理工学研究科人間行動システム専攻博士後期課程に入学し、仁科先生にご指導いただけることにはなったものの、勤務する大学では、担当授業科目数が大幅に増え、また自身も学生への研究指導を抱える状況にあり、仁科先生と直接お話しできる時間は限られていましたが、常に広い視野から教育研究の方向性を示していただいたことで、第二言語としての日本語のパラフレーズに関する研究を博士論文としてまとめることができました。東京工業大学名誉教授の仁科喜久子先生に心より感謝申し上げます。

＊　　　　　　＊　　　　　　＊

　本書の完成にあたっては、多くの方々にご指導、ご協力をいただきました。
　まず、調査にご協力いただきました大学の学生の方々ならびに諸先生方に心よりお礼申し上げます。調査を通じて関心を持ってくださったこと、さらに学習上の難しさについていろいろと話してくださったことなど、研究全般を進める上での原動力となりました。本当にありがとうございました。
　宇都宮大学国際学部教授会構成員の諸先生方及び職員の皆様方にも心より感謝申し上げます。日々、研究を進展させ、その成果を学術書として出版することを様々な面から励ましていただきましたことに厚くお礼申し上げます。本書を刊行できたことは、この上ない喜びです。
　宮城教育大学教職大学院教授の板垣信哉先生には、学部学生時代の指導教員として、第二言語によるパラフレーズの研究に携わる最初のきっかけをいただき、以後、機会あるごとに博士の学位取得に向けたご助言をいただきました。研究の糸口がなかなか見出せずにいた時期にも何度となく「継続は力なり」と励ましてくださったことは、何ものにも換えがたく、感謝の念に堪えません。
　博士学位論文審査にあたりましては、東京工業大学大学院社会理工学研究科人間行動システム専攻の中川正宣先生、前川眞一先生、赤間啓之先生、中山実先生に貴重なご指導を賜りました。心よりお礼申し上げます。

スロヴェニア共和国国立リュブリャーナ大学文学部アジア・アフリカ研究学科、元筑波大学大学院人文社会科学研究科教授のアンドレイ・ベケシュ先生には、テクスト言語学の視点から有益なご助言をいただきました。心よりお礼申し上げます。

　筆者が博士の学位を取得した後、本書の研究に基づいて共同研究としてパラフレーズ教材の開発をともに進めてくださった、山形大学大学院理工学研究科准教授の仁科浩美先生にも心より感謝申し上げます。本書の研究成果を所属大学以外の教育機関で広く活用できるように具体化するには数々の困難もありました。パラフレーズの学習を日本語教育に取り入れることに対して最も理解してくださり、そのことは大変心強いものでした。

　宇都宮大学大学院国際学研究科修了生の櫻井留美氏、余密氏には、調査研究を進めるにあたって特にご協力をいただきました。ありがとうございました。

　大学での授業や研究指導などを通して接する学生の皆さんの学びに対する誠実かつ真摯な姿勢と成長は、日々、大きな励みになりました。日本語教育のこれからについて学生の皆さんとともに考え、前進できることを何よりも幸せに思います。

　本書の出版にあたり、株式会社ココ出版の田中哲哉氏、吉峰晃一朗氏には大変お世話になりました。細かい編集作業に最後まで快く対応してくださったことはもとより、常に的確なアドバイスにより順調に進めることができました。「日本語教育学の新潮流」シリーズの一冊として貴重な出版の機会をいただきましたことに心よりお礼申し上げます。

　最後に、ここで触れなかった多くの方々にも様々な面でお力添えをいただきましたことに心より感謝申し上げます。

　本書刊行までの最大の課題は、大学での種々の職務に埋没しそうな中でいかに執筆の時間を見つけ出すかでした。そんな中でも静かに見守ってくれた家族に心より感謝の言葉を贈りたいと思います。

　　2014年10月

　　　　　　　　　　　　　　　　　　　　　　　　鎌田 美千子

本書に関連する既発表論文

　本書は、博士学位論文「日本語学習者のパラフレーズ使用に関する研究―中国語・韓国語を母語とする上級学習者を対象に―」及び以下の論文を加筆修正したものである。

鎌田美千子・仁科喜久子（2008）「第二言語としての日本語運用に見られるパラフレーズの分析―和語動詞からのパラフレーズを中心に―」『日本文化研究』28号，pp.113–130.

鎌田美千子・仁科喜久子（2009）「文章の難易度とパラフレーズとの関係―中国人・韓国人日本語学習者と日本語母語話者の比較―」『日本語教育論集』25号，pp.19–33.

鎌田美千子（2010）「文体の違いへの対応に見られるパラフレーズの分析―留学生の要約文における語の使用に着目して―」『外国文学』59号，pp.9–25.

鎌田美千子（2011）「具体例からの抽象化に伴うパラフレーズの分析―文体の違いを文章・談話レベルから考える―」『外国文学』60号，pp.55–66.

鎌田美千子（2012）「留学生を対象にしたパラフレーズ教材の必要性と教材開発―日本語アカデミック・ライティング教育の観点から―」『外国文学』61号，pp.1–13.

[著者]　鎌田美千子（かまだ みちこ）
宇都宮大学准教授。
東京工業大学大学院社会理工学研究科博士後期課程修了、博士（学術）。
専門は、応用言語学、日本語教育、言語習得。著書に『日本語学習支援の構築―言語教育・コーパス・システム開発―』（2012年、凡人社、共著）、『アカデミック・ライティングのためのパラフレーズ演習』（2014年、スリーエーネットワーク、共著）などがある。

日本語教育学の新潮流 10

第二言語によるパラフレーズと日本語教育

2015年2月23日　初版第1刷発行

著者……………鎌田美千子
発行者……………吉峰晃一朗・田中哲哉
発行所……………株式会社ココ出版
　　　　　　　〒162-0828
　　　　　　　東京都新宿区袋町25-30-107
　　　　　　　電話　03-3269-5438
　　　　　　　ファックス　03-3269-5438

装丁・組版設計………長田年伸
印刷・製本……………モリモト印刷株式会社

ISBN 978-4-904595-56-5

日本語教育学研究 1
学習者主体の日本語教育
オーストラリアの実践研究

トムソン木下千尋編　3,600 円＋税　ISBN 978-4-904595-03-9

日本語教育学研究 2
日本語教育と日本研究の連携
内容重視型外国語教育に向けて

トムソン木下千尋・牧野成一編　3,600 円＋税　ISBN 978-4-904595-09-1

日本語教育学研究 3
「ことばの市民」になる
言語文化教育学の思想と実践

細川英雄著　3,600 円＋税　ISBN 978-4-904595-27-5

日本語教育学研究 4
「実践研究」は何をめざすか
日本語教育における実践研究の意味と可能性

細川英雄・三代純平編　3,600 円＋税　ISBN 978-4-904595-49-7

ココ出版の書籍

日本語教育学の新潮流 1
日本語教師の「意味世界」
オーストラリアの子どもに教える教師たちのライフストーリー
太田裕子著　4,000 円＋税　ISBN 978-4-904595-08-4

日本語教育学の新潮流 2
グローバリゼーションと日本語教育政策
アイデンティティとユニバーサリティの相克から公共性への収斂
嘉数勝美著　3,600 円＋税　ISBN 978-4-904595-11-4

日本語教育学の新潮流 3
「だから」の語用論
テクスト構成的機能から対人関係的機能へ
萩原孝恵著　4,000 円＋税　ISBN 978-4-904595-22-0

日本語教育学の新潮流 4
第二言語習得における言語適性の役割
向山陽子著　3,600 円＋税　ISBN 978-4-904595-32-9

日本語教育学の新潮流 5
子どもたちはいつ日本語を学ぶのか
複数言語環境を生きる子どもへの教育
尾関史著　3,600 円＋税　ISBN 978-4-904595-34-3

ココ出版の書籍

日本語教育学の新潮流 6
「序列の接続表現」に関する実証的研究
日中両言語話者による日本語作文の比較から
黄明侠著　3,600 円＋税　ISBN 978-4-904595-36-7

日本語教育学の新潮流 7
「非母語話者の日本語」は、どのように評価されているか
評価プロセスの多様性をとらえることの意義
宇佐美洋著　4,000 円＋税　ISBN 978-4-904595-41-1

日本語教育学の新潮流 8
日本語教育における評価と「実践研究」
対話的アセスメント：価値の衝突と共有のプロセス
市嶋典子著　3,600 円＋税　ISBN 978-4-904595-43-5

日本語教育学の新潮流 9
文脈をえがく
運用力につながる文法記述の理念と方法
太田陽子著　3,600 円＋税　ISBN 978-4-904595-47-3